大学赤本シリーズ

476

大阪国際大学
大阪国際大学短期大学部

教学社

はしがき

おかげさまで，大学入試の「赤本」は，今年で創刊70周年を迎えました。

これまで，入試問題や資料をご提供いただいた大学関係者各位，掲載許可をいただいた著作権者の皆様，各科目の解答や対策の執筆にあたられた先生方，そして，赤本を使用してくださったすべての読者の皆様に，厚く御礼を申し上げます。

以下に，創刊初期の「赤本」のはしがきを引用します。これからも引き続き，受験生の目標の達成や，夢の実現を応援してまいります。

本書を活用して，入試本番では持てる力を存分に発揮されることを心より願っています。

編者しるす

＊　＊　＊

学問の塔にあこがれのまなざしをもって，それぞれの志望する大学の門をたたかんとしている受験生諸君！　人間として生まれてきた私たちは，自己の欲するままに，美しく，強く，そして何よりも人間らしく生きることをねがっている。しかし，一朝一夕にして，この純粋なのぞみが達せられることはない。私たちの行く手には，絶えずさまざまな試練がまちかまえている。この試練を克服していくところに，私たちのねがう真に人間的な世界がはじめて開かれてくるのである。

人生最初の最大の試練として，諸君の眼前に大学入試がある。この大学入試は，精神的にも身体的にも，大きな苦痛を感ぜしめるであろう。あるスポーツに熟達するには，たゆみなき，はげしい練習を積み重ねることが必要であるように，私たちは，計画的・持続的な努力を払うことによって，この試練を克服し，次の一歩を踏みだすことができる。厳しい試練を経たのちに，はじめて満足すべき成果を獲得できるのである。

本書は最近の入学試験の問題に，それぞれ解答を付し，さらに問題をふかく分析することによって，その大学独特の傾向や対策をさぐろうとした。本書を一般の参考書とあわせて使用し，まとはずれのない，効果的な受験勉強をされるよう期待したい。

（昭和35年版「赤本」はしがきより）

挑む人の、いちばんの味方

赤本創刊70周年

1954年に大学入試の過去問題集を刊行してから70年。赤本は大学に入りたいと思う受験生を応援しつづけてきました。これからも，苦しいとき落ち込むときにそばで支える存在でいたいと思います。

そして，勉強をすること，自分で道を決めること，努力が実ること，これらの喜びを読者の皆さんが感じることができるよう，伴走をつづけます。

そもそも赤本とは…

受験生のための大学入試の過去問題集！

70年の歴史を誇る赤本は，500点を超える刊行点数で全都道府県の370大学以上を網羅しており，過去問の代名詞として受験生の必須アイテムとなっています。

なぜ受験に過去問が必要なのか？

大学入試は大学によって問題形式や頻出分野が大きく異なるからです。

赤本の掲載内容

傾向と対策

これまでの出題内容から，問題の「**傾向**」を分析し，来年度の入試に向けて具体的な「**対策**」の方法を紹介しています。

問題編・解答編

- 年度ごとに問題とその解答を掲載しています。
- 「**問題編**」ではその年度の試験概要を確認したうえで，実際に出題された過去問に取り組むことができます。
- 「**解答編**」には高校・予備校の先生方による解答が載っています。

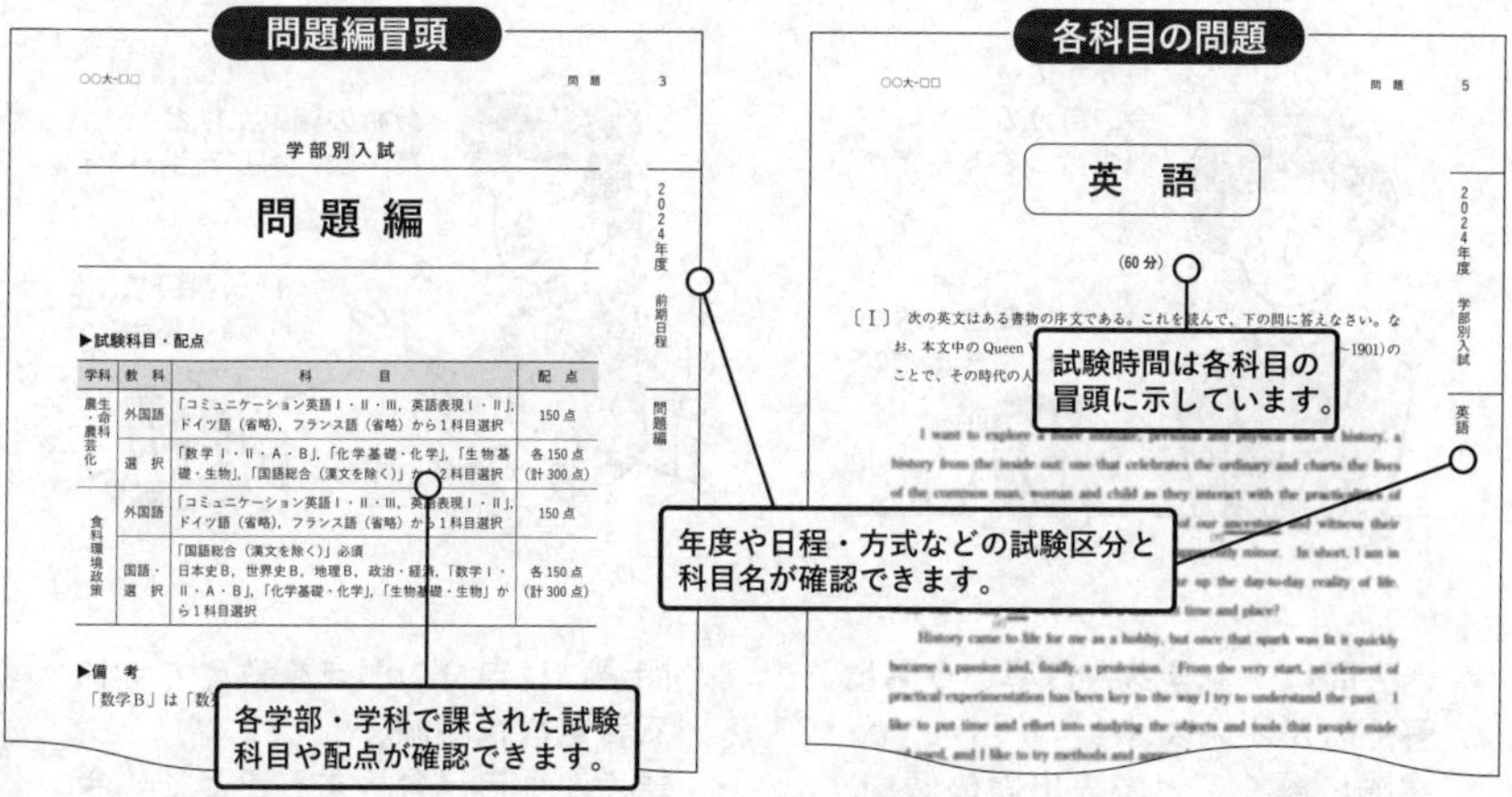

他にも，大学の基本情報や，先輩受験生の合格体験記，在学生からのメッセージなどが載っていることがあります。

掲載内容について

著作権上の理由やその他編集上の都合により問題や解答の一部を割愛している場合があります。

なお，指定校推薦入試，社会人入試，編入学試験，帰国生入試などの特別入試，英語以外の外国語科目，商業・工業科目は，原則として掲載しておりません。また試験科目は変更される場合がありますので，あらかじめご了承ください。

受験勉強は

過去問に始まり，

STEP 1

なにはともあれ

まずは解いてみる

しずかに…
今，自分の心と
向き合ってるんだから
ムーン
それは
問題を解いて
からだホン!

過去問は，**できるだけ早いうちに解く**のがオススメ！
実際に解くことで，**出題の傾向，問題のレベル，今の自分の実力**がつかめます。

STEP 2

じっくり具体的に

弱点を分析する

分析の結果だけど
英・数・国が苦手みたい
スリー
必須科目だホン
頑張るホン

間違いは自分の弱点を教えてくれる**貴重な情報源。**
弱点から自己分析することで，**今の自分に足りない力や苦手な分野**が見えてくるはず！

合格者があかす
赤本の使い方

傾向と対策を熟読
（Fさん／国立大合格）

大学の出題傾向を調べるために，赤本に載っている「傾向と対策」を熟読しました。

繰り返し解く
（Tさん／国立大合格）

1周目は問題のレベル確認，2周目は苦手や頻出分野の確認に，3周目は合格点を目指して，と過去問は繰り返し解くことが大切です。

赤本の使い方 解説

過去問に終わる。

STEP 3

志望校にあわせて

苦手分野の重点対策

明日からはみんなで頑張るよ！
参考書も！ 問題集も！
よろしくね！
呼んだ？
なにを!?
どこから!?
グッ
グッ

参考書や問題集を活用して，苦手分野の**重点対策**をしていきます。
過去問を指針に，合格へ向けた具体的な学習計画を立てましょう！

STEP 1▶2▶3

サイクルが大事!

実践を繰り返す

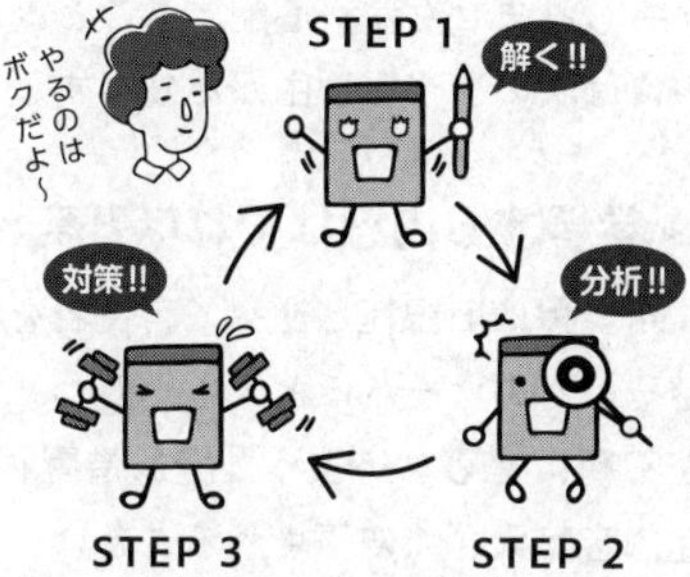

やるのはボクだよ～
STEP 1
解く!!
分析!!
対策!!
STEP 3
STEP 2

STEP 1～3を繰り返し，実力アップにつなげましょう！
出題形式に慣れることや，**時間配分を考えること**も大切です。

目標点を決める

(Yさん／私立大合格)

赤本によっては合格者最低点が載っているので，それを見て目標点を決めるのもよいです。

時間配分を確認

(Kさん／私立大学合格)

赤本は時間配分や解く順番を決めるために使いました。

添削してもらう

(Sさん／私立大学合格)

記述式の問題は先生に添削してもらうことで自分の弱点に気づけると思います。

新課程入試 Q&A

2022 年度から新しい学習指導要領（新課程）での授業が始まり，2025 年度の入試は，新課程に基づいて行われる最初の入試となります。ここでは，赤本での新課程入試の対策について，よくある疑問にお答えします。

Q1. 赤本は新課程入試の対策に使えますか？

A. もちろん使えます！

旧課程入試の過去問が新課程入試の対策に役に立つのか疑問に思う人もいるかもしれませんが，心配することはありません。旧課程入試の過去問が役立つのには次のような理由があります。

● 学習する内容はそれほど変わらない

新課程は旧課程と比べて科目名を中心とした変更はありますが，学習する内容そのものはそれほど大きく変わっていません。また，多くの大学で，既卒生が不利にならないよう「経過措置」がとられます（Q３参照）。したがって，出題内容が大きく変更されることは少ないとみられます。

● 大学ごとに出題の特徴がある

これまでに課程が変わったときも，各大学の出題の特徴は大きく変わらないことがほとんどでした。入試問題は各大学のアドミッション・ポリシーに沿って出題されており，過去問にはその特徴がよく表れています。過去問を研究してその大学に特有の傾向をつかめば，最適な対策をとることができます。

出題の特徴の例	・英作文問題の出題の有無 ・論述問題の出題（字数制限の有無や長さ） ・計算過程の記述の有無

新課程入試の対策も，赤本で過去問に取り組むところから始めましょう。

Q2. 赤本を使う上での注意点はありますか？

A. 志望大学の入試科目を確認しましょう。

過去問を解く前に，過去の出題科目（問題編冒頭の表）と 2025 年度の募集要項とを比べて，課される内容に変更がないかを確認しましょう。ポイントは以下のとおりです。科目名が変わっていても，実際は旧課程の内容とほとんど同様のものもあります。

英語・国語	科目名は変更されているが，実質的には変更なし。 ▶▶ **ただし，リスニングや古文・漢文の有無は要確認。**
地歴	科目名が変更され，「歴史総合」「地理総合」が新設。 ▶▶ **新設科目の有無に注意。ただし，「経過措置」(Q３参照)により内容は大きく変わらないことも多い。**
公民	「現代社会」が廃止され，「公共」が新設。 ▶▶ **「公共」は実質的には「現代社会」と大きく変わらない。**
数学	科目が再編され，「数学 C」が新設。 ▶▶ **「数学」全体としての内容は大きく変わらないが，出題科目と単元の変更に注意。**
理科	科目名も学習内容も大きな変更なし。

数学については，科目名だけでなく，どの単元が含まれているかも確認が必要です。例えば，出題科目が次のように変わったとします。

旧課程	「数学Ⅰ・数学Ⅱ・数学 A・数学 B（数列・ベクトル）」
新課程	「数学Ⅰ・数学Ⅱ・数学 A・**数学 B（数列）・数学 C（ベクトル）**」

この場合，新課程では「数学C」が増えていますが，単元は「ベクトル」のみのため，実質的には旧課程とほぼ同じであり，過去問をそのまま役立てることができます。

Q3. 「経過措置」とは何ですか？

A. 既卒の旧課程履修者への対応です。

多くの大学では，既卒の旧課程履修者が不利にならないように，出題において「経過措置」が実施されます。措置の有無や内容は大学によって異なるので，募集要項や大学のウェブサイトなどで確認しておきましょう。

◯旧課程履修者への経過措置の例

- 旧課程履修者にも配慮した出題を行う。
- 新・旧課程の共通の範囲から出題する。
- 新課程と旧課程の共通の内容を出題し，共通範囲のみでの出題が困難な場合は，旧課程の範囲からの問題を用意し，選択解答とする。

例えば，地歴の出題科目が次のように変わったとします。

旧課程	「日本史 B」「世界史 B」から１科目選択
新課程	「**歴史総合**，日本史探究」「**歴史総合**，世界史探究」から１科目選択※ ※旧課程履修者に不利益が生じることのないように配慮する。

「歴史総合」は新課程で新設された科目で，旧課程履修者には見慣れないものですが，上記のような経過措置がとられた場合，新課程入試でも旧課程と同様の学習内容で受験することができます。

要チェックだホン

新課程の情報は WEB もチェック！
より詳しい解説が赤本ウェブサイトで見られます。
https://akahon.net/shinkatei/

科目名が変更される教科・科目

	旧課程	新課程
国語	国語総合 国語表現 現代文A 現代文B 古典A 古典B	現代の国語 言語文化 論理国語 文学国語 国語表現 古典探究
地歴	日本史A 日本史B 世界史A 世界史B 地理A 地理B	歴史総合 日本史探究 世界史探究 地理総合 地理探究
公民	現代社会 倫理 政治・経済	公共 倫理 政治・経済
数学	数学Ⅰ 数学Ⅱ 数学Ⅲ 数学A 数学B 数学活用	数学Ⅰ 数学Ⅱ 数学Ⅲ 数学A 数学B 数学C
外国語	コミュニケーション英語基礎 コミュニケーション英語Ⅰ コミュニケーション英語Ⅱ コミュニケーション英語Ⅲ 英語表現Ⅰ 英語表現Ⅱ 英語会話	英語コミュニケーションⅠ 英語コミュニケーションⅡ 英語コミュニケーションⅢ 論理・表現Ⅰ 論理・表現Ⅱ 論理・表現Ⅲ
情報	社会と情報 情報の科学	情報Ⅰ 情報Ⅱ

目　次

掲載内容についてのお断り

本書には，学校推薦型選抜（公募）Ⅰ期・Ⅱ期より２日程分，一般選抜前期日程の１日程分を掲載しています。

・UNIVERSITY GUIDE・

大学情報

基本情報

学部・学科の構成

大　学

●経営経済学部
経営学科
経済学科

●人間科学部
心理コミュニケーション学科
人間健康科学科
スポーツ行動学科

●国際教養学部
国際コミュニケーション学科
国際観光学科

短期大学部

- **幼児保育学科**
- **栄養学科**
- **ライフデザイン学科**

  観光・英語コース

  キャリアデザインコース

大学所在地

ACCESS MAP

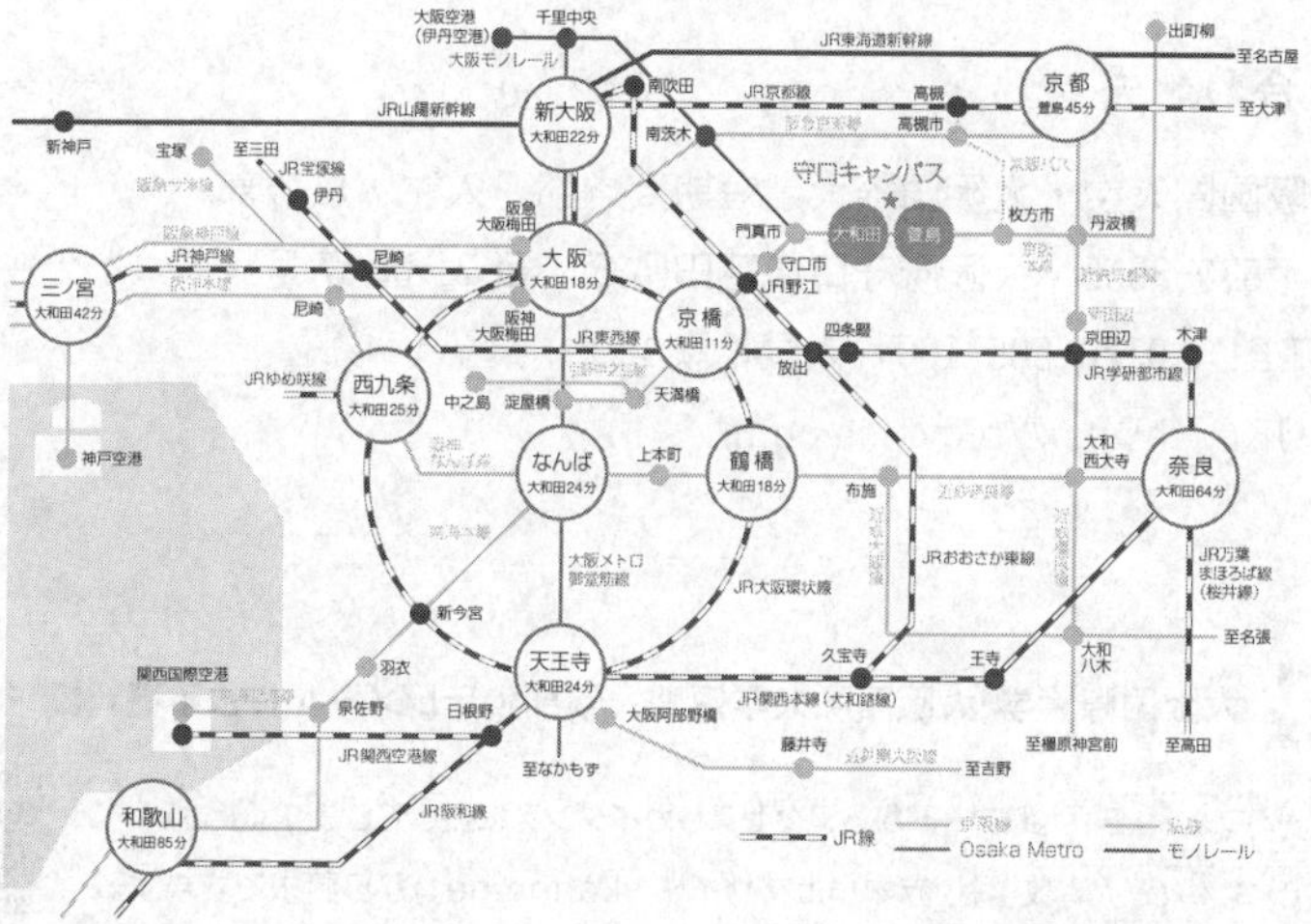

主要駅から大阪国際大学まで※

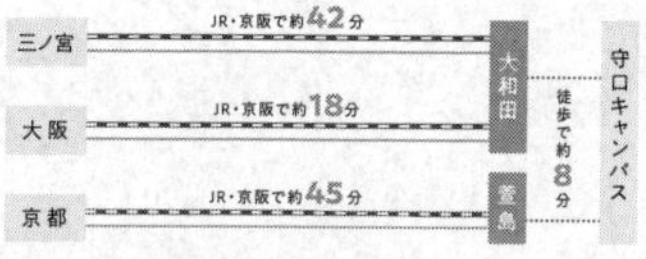

大阪モノレールで快適アクセス！
大阪モノレール「南茨木駅」から京阪本線「大和田駅」へは約15分。
阪急京都線をご利用の方も、「南茨木駅」経由で便利にアクセスできます。

※表記時間は乗り換え時間を含みません。また通学時間帯により、
乗車時間が若干異なります。

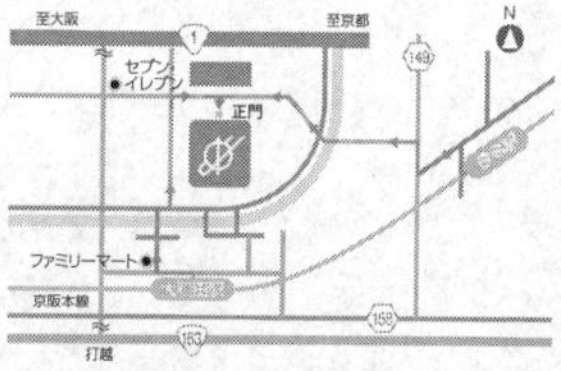

〒570-8555 大阪府守口市藤田町6丁目21番57号
TEL.0120-585-160（入試相談 フリーダイヤル）

● 京阪本線「大和田駅」「萱島駅(西口)」から徒歩8分

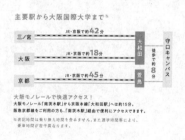

募集要項（出願書類）の入手方法

インターネット出願が導入されています。募集要項は，入試情報サイトにて確認およびダウンロードしてください。

問い合わせ先

大阪国際大学・大阪国際大学短期大学部　入試・広報部
〒570-8555　大阪府守口市藤田町 6 丁目 21 番 57 号
TEL　0120-585-160（入試相談フリーダイヤル）
URL　https://oiuvoice.com/

大阪国際大学・大阪国際大学短期大学部のテレメールによる資料請求方法

スマートフォンから　QRコードからアクセスしガイダンスに従ってご請求ください。
パソコンから　教学社 赤本ウェブサイト(akahon.net)から請求できます。

TREND & STEPS

傾向と対策

科目ごとに問題の「傾向」を分析し，具体的にどのような「対策」をすればよいか紹介しています。まずは出題内容をまとめた分析表を見て，試験の概要を把握しましょう。

注　意

「傾向と対策」で示している，出題科目・出題範囲・試験時間等については，2024 年度までに実施された入試の内容に基づいています。2025 年度入試の選抜方法については，各大学が発表する学生募集要項を必ずご確認ください。

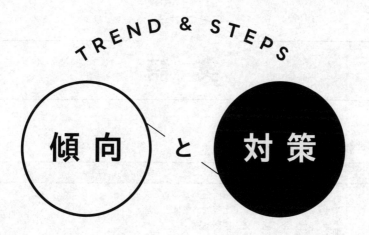

英　語

▶学校推薦型選抜（公募）

年度	区分	番号	項　目	内　容
2024 ●	Ⅰ期	〔1〕	文法・語彙	空所補充
		〔2〕	文法・語彙	定義にあてはまる語
		〔3〕	会　話　文	空所補充
		〔4〕	読　　　解	同意表現，空所補充，内容説明，指示内容，欠文挿入箇所
	Ⅱ期	〔1〕	文法・語彙	空所補充
		〔2〕	文法・語彙	定義にあてはまる語
		〔3〕	会　話　文	空所補充
		〔4〕	読　　　解	同意表現，空所補充，欠文挿入箇所，内容説明，指示内容
2023 ●	Ⅰ期	〔1〕	文法・語彙	空所補充
		〔2〕	文法・語彙	定義にあてはまる語
		〔3〕	会　話　文	空所補充
		〔4〕	読　　　解	同意表現，空所補充，内容説明，指示内容，欠文挿入箇所
	Ⅱ期	〔1〕	文法・語彙	空所補充
		〔2〕	文法・語彙	定義にあてはまる語
		〔3〕	会　話　文	空所補充
		〔4〕	読　　　解	同意表現，空所補充，内容説明，欠文挿入箇所，指示内容

（注）　●印は全問マークセンス方式採用であることを表す。

▶一般選抜（前期）

年度	番号	項　目	内　容
2024 ●	〔1〕	文法・語彙	空所補充
	〔2〕	会　話　文	空所補充
	〔3〕	文法・語彙	定義にあてはまる語
	〔4〕	読　　　解	空所補充
	〔5〕	読　　　解	主題，内容真偽，内容説明，指示内容，同意表現

2023 ●	〔1〕	文法・語彙	空所補充
	〔2〕	会 話 文	空所補充
	〔3〕	文法・語彙	定義にあてはまる語
	〔4〕	読 解	空所補充
	〔5〕	読 解	内容説明，指示内容，内容真偽，同意表現，主題

（注）●印は全問マークセンス方式採用であることを表す。

傾向　読解，会話文，文法・語彙とバランスのよい出題

01 出題形式は？

推薦はⅠ期・Ⅱ期とも読解１題，文法・語彙２題，会話文１題で，試験時間は３科目 90 分（短大は１科目 30 分）だった。一般は読解２題，文法・語彙２題，会話文１題で試験時間は 60 分。推薦・一般ともに読解，会話文，文法・語彙がバランスよく出題されており，総合的な英語力を試す問題となっている。全問マークセンス方式である。

02 出題内容はどうか？

文法・語彙は空所補充による短文の完成と定義にあてはまる語が出題されている。読解は空所補充と内容説明が中心である。読解内容は，環境問題に関するもの，エッセイ，世界の風物・イベント，食べ物の説明，ビジネスに関することなど幅広い。2024 年度の推薦ではⅠ期が自動運転車，Ⅱ期は AI に関するものであった。全問選択式で，英文和訳や和文英訳のような記述式の問題は出題されていない。

03 難易度は？

一部で正答を導き出すのに迷いが生じるものもあるが，全体的な難易度としては標準的である。

対策

01 読解

英文の内容・量ともに標準レベルなので，過去の問題をしっかり演習して，時間内での読解・解答に慣れておくことが第一に求められる。読解の設問は，英文の展開に沿って問題が設定されていることが多いので，まず先に設問に目を通して，問われている内容を予備知識として頭に入れておいてから英文を読むと，時間の面で効率的である。解き終わった後は，疑問点を解消してから，何度も音読して，英文の語順のまま内容を理解できるまでにしておこう。

02 文法・語法・会話文

文法面では，空所補充による短文の完成問題を主体とした素直な問題が出題されている。難度も決して高くないので，日頃から標準レベルの問題を数多く演習して，基礎知識の習得に努めること。語法に関しては，『大学入試 すぐわかる英文法』（教学社）など文法の全分野を扱っている参考書を１冊選んで，それを完璧に仕上げておきたい。会話文問題は，代名詞や動詞に注目しながら常識的な話の流れになるように気をつけていれば，難なく解けるものである。

03 語彙・熟語

読解の英文に出てくる難語には注釈が付けられていることが多いので，語彙については神経質になる必要はない。市販の単語集を用いるのはもちろんのこと，普段から問題を解いたときにわからなかった単語をノートに書き出して独自の単語集を作成するなど，各自で工夫するとよい。また，辞書を引く際には，目的の語の周囲に記載されている同意語，反意語，派生語などにも関心を払い，語彙力向上に努めよう。熟語に関しては，標準レベルの熟語集を１冊は仕上げておきたい。『風呂で覚える英熟語』（教学社）が量的にもレベル的にも手頃である。

日本史

▶一般選抜（前期）

年度	番号	内　容	形　式
2024 ●	〔1〕	「改新の詔」―飛鳥時代の政治　⊘史料	選　択
	〔2〕	「永仁の徳政令」―鎌倉時代の政治・外交　⊘史料	選　択
	〔3〕	江戸時代前期の朝幕関係	選　択
	〔4〕	明治時代前期の政治・経済	選択・配列
	〔5〕	現代日本の経済・外交	選　択
2023 ●	〔1〕	「小右記」―平安時代の政治・経済・文化　⊘史料	選　択
	〔2〕	「神皇正統記」―鎌倉～室町時代の政治史　⊘史料	配列・選択
	〔3〕	近世の政治・経済・外交	選　択
	〔4〕	明治時代前期の政治・経済	選　択
	〔5〕	現代日本の政治・外交	選　択

（注）●印は全問マークセンス方式採用であることを表す。

傾向　各時代の政治史を徹底学習　政治改革の内容が重要

01　出題形式は？

大問5題，大問ごとに10問が出題される形式で，解答個数は50個。全問マークセンス方式による選択問題である。試験時間は60分。設問形式は，政治の流れを述べた問題文に下線や空所があり，それに関する設問が用意されている標準的な形式で，人名・語句および正文・誤文を選択する解答しやすい構成となっている。2023・2024年度は歴史事項を年代順に並べる配列問題や組み合わせ問題が出題された。過去には適切な史料を選択する問題も出題されている。

なお，2025年度は出題科目が「日本史探究」となる予定である（本書編集時点)。

02 出題内容はどうか?

時代別では，原始・古代・中世・近世・近代・現代から大問が計5題出題されており，時代配分が考慮されたバランスのよい内容となっている。2023年度は政党・55年体制に関する大問，2024年度は現代の経済・外交史に関する大問が出題された。原始および現代からの出題は年度によって問われる内容に変化があり，普段からの意識的な学習が求められる。

分野別では，政治改革などの政策に関する政治史が中心となっている。それぞれの時代の政権の推移や政策の内容などを述べた問題文があり，これに関連する外交・経済・文化・社会の問題が出題される。

史料問題は，大問の問題文の一部に史料が挿入されているほか，小問でも出題され，選択肢として用いられている場合もある。2023年度は『神皇正統記』が大問として出題され，2024年度は「改新の詔」「永仁の徳政令」が小問で出題された。

03 難易度は?

ほとんどの設問が教科書の本文にある語句および歴史事項からの標準的な出題であり，消去法を用いなければならない難解な設問は一部に限られる。設問形式も解答しやすい。また，解答するための知識が問題文に含まれていることもあるので，問題文をしっかり読むことを心がけてほしい。試験時間には十分な余裕があるだろう。

対策

01 各時代の政権・政策・事件が重要

各時代から偏りなく出題されているので，原始・古代〜現代を通した学習が必要となる。ほとんどが教科書の内容からの出題となっているので，教科書を反復して学習することが重要な対策となる。出題の中心を占める政治史では，政治改革・事件に関わる人名・語句やその内容を正確に理解するとともに，それぞれの政権の動きを確実にとらえておく必要がある。そのためには，古代の重要な天皇，中世の将軍や執権，近世の政治改革の推進者，近現代の内閣総理大臣の政策について，時代に沿って理解を深めておいてほしい。教科書の政治史の部分を精読することで，政治に関わる人名・語句の歴史的な位置を正確にとらえ，これに関連する外交・経済・社会・文化の基本的事項を整理しておくことが重要である。

02 文化史対策

文化史は政治史と関連させて出題されるので，政権を担った人物に関わる文化的な事項に注意を払う必要がある。美術作品や建築物などについて学習する場合には，意識して視覚資料を見ておくとともに，教科書や図録の図版に付されている解説を読んで，文化遺産の特徴や制作者を政権担当者との関係のなかでとらえておいてほしい。宗教・思想などを学習するときは，時代の状況や外国との関係を考え，それぞれの時代の文化的なイメージをつくっておくとよい。教科書の文化史をまとめた部分を単に記憶するのではなく，試験問題の中心を占めている時代・政治の流れをしっかりと理解し，それに関連させて学習することが肝要である。

03 史料問題対策

出題される史料は教科書にも記載されている標準的なレベルのものであるが，史料集や史料問題集を利用して，歴史資料に慣れておくとよい。それぞれの時代の政治に関連する史料が出題されているので，本書を利用して出題傾向が高い項目を確認して，政治に関連する部分を重点的に学習するとよい。

世界史

▶一般選抜（前期）

年度	番号	内　容	形　式
2024 ●	〔1〕	中国の歴史：殷～漢代	正誤・選択
	〔2〕	東南アジア・インドの民族独立運動	選択・正誤
	〔3〕	仏教・道教・儒教	正誤・選択
	〔4〕	大航海時代	選択・正誤
	〔5〕	アメリカ独立革命	選択・正誤
2023 ●	〔1〕	明・清の貿易政策	選択・正誤
	〔2〕	中国儒教の歴史	選択・正誤
	〔3〕	7～13 世紀のイスラーム世界	選択・正誤
	〔4〕	宗教改革	選択・正誤
	〔5〕	第1次ロシア革命，ロシア革命	選択・正誤

（注）●印は全問マークセンス方式採用であることを表す。

傾向

アジア地域と欧米地域からバランスよく出題
教科書の基本事項を確実に身につけることが大切！

01　出題形式は？

全問マークセンス方式による出題で，小問数は 40 問である。大問数は 5 題となっている。語句と文章の選択法主体で，2 文の正誤法も出題されている。試験時間は 60 分。

なお，2025 年度は出題科目が「世界史探究」となる予定である（本書編集時点）。

02 出題内容はどうか？

地域別では，アジア地域と欧米地域がほぼ半分ずつ出題される。アジア地域については，中国史やイスラーム史からの出題が多く見られる。また，欧米地域については，2023 年度はヨーロッパ中心の出題であったが，2024 年度はアメリカ史も出題されている。過去にはアフリカのベニン王国も出題されており，中国・イスラーム世界・ヨーロッパ以外の地域にも注意が必要である。

時代別では，古代から 19 世紀までが出題の中心である。現代史では 2023 年度はロシア革命について，2024 年度は東南アジア・インドの民族運動について問われた。

分野別では，政治史や社会制度史・経済史に関するオーソドックスな出題が中心である。しかし，過去には「イスラーム文化」，2023 年度〔2〕「中国儒教の歴史」，2024 年度〔3〕「仏教・道教・儒教」のように文化史の大問も出題されている。

03 難易度は？

教科書レベルの知識をきちんと身につけていれば十分に対応できる基本的な問題が中心である。しかし，文化史やイスラーム史など受験生が苦手としがちな分野や，学習が遅れ気味になる現代史で差をつけられないような対策が十分に必要である。リード文の空所補充や正誤問題など，意外と時間がかかる問題も多い。

対策

01 教科書中心の学習を

繰り返し教科書を精読し，その内容をしっかりと身につけることが肝要である。やや細かい知識が選択肢中に出てくることはあるが，正解の選択肢や出題内容そのものは教科書レベルの内容がほとんどだからである。ただし，世界史の教科書は複数の種類があり，その記述内容の詳しさにもかなり差があるので，『世界史用語集』（山川出版社）などを利用して，歴史上の事項や人名をチェックしておくべきであろう。

02 中国史を重点的に

中国史に関する出題は毎年見られ，出題数も多いので，中国史および周辺地域に関する学習は必須である。政治史・社会制度史はもちろん，経済史・文化史に関しても，古代から近現代に至るまできちんと知識を整理し身につけることが望ましい。その際には日本とのかかわりを押さえておきたい。サブノートを作成し，自分なりにまとめてみるのもよいだろう。

03 取りこぼしのない学習を

西ヨーロッパ史や中国史などオーソドックスな分野からよく出題されているが，朝鮮史や東南アジア史，アフリカ史など多くの受験生が苦手とする分野から出題されることもある。時代別でも，受験生の弱点となることが多い現代史が出題されている。このような分野・時代で差がつく可能性は高い。やはり世界史全体について，取りこぼしのない学習が望まれる。

04 文化史に注意

文化史に関する問題は，大問で出題されており，今後も出題されることが予想される。文化史について自分なりにまとめておき，さらに文化史に関する問題集を使って，出題に慣れておくことが望ましいだろう。

05 過去問を解いておこう

過去問を解くことは，出題レベルを知り，出題形式に慣れておくために欠かせない。正文・誤文選択問題は差がつきやすい問題で，特に２文の正誤判定は消去法が使えないので，必ず目を通して練習しておこう。

数　学

▶学校推薦型選抜（公募）

年度	区分	番号	項　目	内　容
2024	Ⅰ期	〔1〕	小問3問	(1)無理数の計算 (2)因数分解 (3)1次不等式
		〔2〕	2次関数	2次関数の最大値・最小値
		〔3〕	図形と計量	余弦定理
		〔4〕	データの分析	平均点，分散，標準偏差
	Ⅱ期	〔1〕	小問3問	(1)式の展開 (2)無理数の計算 (3)2次不等式
		〔2〕	2次関数	2次関数の決定
		〔3〕	図形と計量	余弦定理
		〔4〕	データの分析	平均値，中央値
2023	Ⅰ期	〔1〕	小問3問	(1)無理数の計算 (2)因数分解 (3)1次不等式
		〔2〕	図形と計量	三角比
		〔3〕	2次関数	2次関数の最大値・最小値
		〔4〕	確率	くじ引き
	Ⅱ期	〔1〕	小問3問	(1)無理数の計算 (2)因数分解 (3)1次不等式
		〔2〕	図形と計量	平行四辺形の面積
		〔3〕	2次関数	2次関数の最大値・最小値
		〔4〕	データの分析	平均値，中央値

▶一般選抜（前期）

年度	番号	項　目	内　容
2024	〔1〕	小問5問	(1)式の展開 (2)因数分解 (3)無理数の計算 (4)連立不等式 (5)絶対値がついた1次方程式
	〔2〕	2次関数	2次関数の決定，x軸との交点，直線，2次関数の最大値・最小値
	〔3〕	図形と計量	円に内接する四角形，余弦定理，三角形の面積
	〔4〕	集合と論理	集合の包含関係
2023	〔1〕	小問5問	(1)式の展開 (2)因数分解 (3)2進法 (4)最大公約数 (5)余り
	〔2〕	2次関数	放物線の頂点の座標，x軸との交点，接線，2次関数の最大値・最小値
	〔3〕	図形と計量	正弦定理，外接円の半径，内接円の面積
	〔4〕	確率	重複順列，組分け

出題範囲の変更

2025 年度入試より，数学は新教育課程での実施となります。詳細については，大学から発表される募集要項等で必ずご確認ください（以下は本書編集時点の情報）。

	2024 年度（旧教育課程）	2025 年度（新教育課程）
学校推薦型選抜（公募）	数学Ⅰ・A	数学Ⅰ・A（図形の性質，場合の数と確率）
一般選抜（前期）	数学Ⅰ・A	数学Ⅰ・A（図形の性質，場合の数と確率）

傾向　基本的な出題が中心

01　出題形式は？

いずれの日程も解答欄に解き方と解答を記入する記述式の出題である。試験時間は推薦は 3 科目 90 分，一般は 60 分で，大問数はいずれも 4 題。

02　出題内容はどうか？

推薦・一般ともに 2 次関数，図形（平面図形，三角比）がよく出題されている。また，推薦ではデータの分析も頻出である。いずれの日程においても，出題内容は似た傾向にある。

03　難易度は？

基本的な出題が多い。推薦では，小問集合が 3 問で，残りの大問にもほとんどの場合小問が設けられている。一般は，小問集合が 5 問で，残りの大問には誘導となる小問が設けられている。レベルは教科書の例題ないし章末問題レベルといえる。

対策

01 基本問題を練習しよう

難問はないため，教科書レベルの問題を繰り返し練習することで，定型問題の解法を身につけたい。もちろん，出題範囲のすべての分野を偏りなく演習し，苦手分野を克服しておくことも重要である。過去問を解いてみて，正答できなかった分野については時間をかけて復習しておこう。問題集として推薦は『数学Ⅰ・A入門問題精講』，一般は『数学Ⅰ・A基礎問題精講』（いずれも旺文社）などを利用するとよいだろう。

02 記述式答案作成の練習を

記述式の解答形式では，解答だけが正しくても，解き方に論理的な誤りがあると減点される恐れがある。問題によっては解き方の欄があまり大きくないことがあるので，日頃から，解答に至る過程を簡潔かつ抜けのないようにまとめる練習を積んでおきたい。

国　語

▶学校推薦型選抜（公募）

年度	区分	番号	種類	類別	内　容	出　典
2024 ●	Ⅰ期	〔1〕	現代文	評論	書き取り，語意，空所補充，内容説明，主旨	「NHK 受信料の研究」有馬哲夫
		〔2〕	現代文	評論	書き取り，空所補充，内容説明，主旨	「勉強の価値」森博嗣
	Ⅱ期	〔1〕	現代文	評論	書き取り，空所補充，内容説明，指示内容，内容真偽，主旨	「子どもの居場所と多世代交流空間」中井孝章
		〔2〕	現代文	評論	語意，熟語，文の構造，空所補充，内容説明，内容真偽	「インターネットというリアル」岡嶋裕史
2023 ●	Ⅰ期	〔1〕	現代文	評論	書き取り，空所補充，語意，内容説明，主旨	「フランクルに学ぶ」斉藤啓一
		〔2〕	現代文	評論	書き取り，空所補充，欠文挿入箇所，内容真偽，内容説明	「人名の世界地図」21世紀研究会編
	Ⅱ期	〔1〕	現代文	評論	書き取り，空所補充，内容説明，主旨	「知的創造の条件」吉見俊哉
		〔2〕	現代文	評論	書き取り，空所補充，内容説明，内容真偽，文学史	「近代読者の成立」前田愛

（注）●印は全問マークセンス方式採用であることを表す。

▶一般選抜（前期）

年度	番号	種類	類別	内　容	出　典
2024 ●	〔1〕	現代文	評論	空所補充，内容説明，書き取り，指示内容，文整序，語意	「君たちのための自由論」内田樹 ウスビ・サコ
	〔2〕	現代文	評論	内容説明，語意，空所補充，熟語，書き取り，俳句修辞，文学史，内容真偽	「庭と日本人」上田篤
2023 ●	〔1〕	現代文	評論	内容説明，語意，空所補充，書き取り，四字熟語，主旨	「ジョブ型雇用社会とは何か」濱口桂一郎
	〔2〕	現代文	評論	内容説明，空所補充，書き取り，語意，主旨	「成人式とは何か」田中治彦

（注）●印は全問マークセンス方式採用であることを表す。

傾向　現代文 2 題の出題で漢字は必出　一般は長めの文章を読みこなす練習を

01 出題形式は？

推薦・一般ともに現代文のみ 2 題の出題で，全問マークセンス方式。試験時間は，推薦は 3 科目 90 分（短大は 1 科目 30 分），一般は 60 分。

02 出題内容はどうか？

推薦・一般とも，評論を中心に出題されている。設問は，書き取り，語意，空所補充，内容説明，内容真偽，文整序，俳句修辞，文学史など多岐にわたっている。特に空所補充が多い。語意問題も多く，辞書的な意味を問うものから文脈における意味を問うものまである。多くの受験生にとって初見と思われるような難しい語の意味が問われることもあるので注意したい。なお，2024 年度一般では，近現代の詩人・小説家である室生犀星の作品を問う出題もあった。

03 難易度は？

推薦と一般とでは，問題文の分量に差があり，一般の方がかなり長い文章が出されているが，試験時間を考慮すれば妥当な分量であろう。いずれも問題文の内容把握は比較的容易である。内容説明や空所補充の設問は，やや紛らわしい選択肢が含まれることがあり，その前後を丁寧に読解しないと誤答しかねないので，注意が必要である。全体的には標準的な設問が多く，試験時間を考慮すれば難易度は標準であろう。

対策

01 現代文

評論を中心とした出題である。最近の著作から出題されることが多い。一般では問題文が長めなので，ある程度の分量がある文章を，文脈をたどりながら読む練習を積んでおこう。問題文は読みやすい文章が多いものの，不注意による読み取りミスもありうるので，慎重に読解していくこと。全体の内容と一致するかどうかを判別する設問については，以下のような作業を通して，解答を導くようにしたい。

① まず選択肢に目を通す
② それらを念頭におきながら，文章を読み進めていく
③ 関連する部分に印をつけたり傍線を施したりする

何となくではなく，文章中に確実な根拠を見つけて解答することによって，正答を得られるようにしよう。このような姿勢を心がけながら，『マーク式基礎問題集 現代文』（河合出版）などのマークセンス方式の問題集を用いて，問題演習を行ってほしい。

02 漢字・語意・文学史

書き取りについては毎年出題されているので，漢字の問題集を使って繰り返し学習しておこう。また，四字熟語・慣用句などの意味もよく問われる。正確な意味，使い方をきちんと覚えておくこと。教科書・新聞・書物などでわからない語句や表現を見つけたときには，辞書ですぐに確認するという習慣を身につけたい。難しい語の意味が問われた場合は，前後の文脈から推測する必要もある。推薦・一般を問わず，文学史が出題されることがある。国語便覧を用いて，近現代の作家と作品名も押さえておこう。

2024年度

問題と解答

学校推薦型選抜（公募）

問題編

▶試験科目・配点（基礎学力調査）

区　分	選　抜　方　法	配　点
大　学	英語（リスニングを除く），数学，国語（古文・漢文を除く）の総合問題	各 50 点
短期大学部	英語（リスニングを除く），国語（古文・漢文を除く）から１科目を選択	50 点

▶備　考

- Ⅰ期 11 月 18 日実施分およびⅡ期の２日程分を掲載。
- 実用英語技能検定または TOEIC の資格・点数を英語の得点とみなし，選抜日当日の英語得点と比較して高い方の得点で合否判定する「英語外部試験利用選抜制度」がある。

【大学】

A 方式：調査書（50 点：全体の学習成績の状況×10 倍），基礎学力調査（100 点：上記３科目の総合問題のうち，高得点２科目の合計点）および出願書類を参考に総合判定し，合否を決定。

B 方式：基礎学力調査（100 点：上記３科目の総合問題のうち，高得点２科目の合計点）および出願書類を参考に総合判定し，合否を決定。

C 方式：調査書（50 点：全体の学習成績の状況×10 倍），面接（50 点）および出願書類を参考に総合判定し，合否を決定。

【短期大学部】

A 方式：調査書（50 点：全体の学習成績の状況×10 倍），基礎学力調査（50 点）および出願書類を参考に総合判定し，合否を決定。

B 方式：基礎学力調査（50 点）および出願書類を参考に総合判定し，合否を決定。

C 方式：調査書（50 点：全体の学習成績の状況×10 倍），面接（50 点）および出願書類を参考に総合判定し，合否を決定。

英　語

（大学　　　：3科目 90分
短期大学部：　　　　30分）

◀Ⅰ　期▶

【1】次の(1)～(7)の（　　　）の中に入れるのに最も適切なものを、それぞれ下の①～④の中から一つずつ選びなさい。

(1) I need a pencil for the test. Can you lend (　　　)?

① it over　② me one　③ me them　④ over them

(2) I was almost late, but I arrived at the office just (　　　).

① by time　② in time　③ over time　④ past time

(3) Everyone likes him. He's the (　　　) popular boy in his class.

① best　② first　③ least　④ most

(4) During the test, you (　　　) put away all mobile devices.

① can　② could　③ must　④ required

(5) The game was delayed (　　　) an hour because of the rain.

① for　② more　③ through　④ several

(6) It is not safe to let young children play in the mall (　　　).

① by themselves　② by their self　③ their own　④ they own

(7) If you (　　　) your passport, you cannot pass through the security check.

① didn't have　② don't have　③ had　④ have

【2】次の(8)～(12)の（　　　）の中に入れるのに最も適切なものを、それぞれ下の①～⑧の中から一つずつ選びなさい。

(8) (　　　) is a time in life just after birth.

(9) (　　　) is a schedule one follows when traveling.

(10) (　　　) is a person who looks after or helps someone else.

(11) (　　　) is a command or explanation to follow.

(12) (　　　) is a place where busy parents leave their children.

① A caregiver
② A daycare
③ A dependent
④ A departure
⑤ A terminal
⑥ An itinerary
⑦ An instruction
⑧ Infancy

【3】次の(13)～(16)の（　　　）の中に入れるのに最も適切なものを、それぞれ下の①～④の中から一つずつ選びなさい。

(13) Bill: Excuse me, could you help me with something?
Mary: What's the problem?
Bill: (　　　)
Mary: Sorry, I'm not good with technology.

① I need help checking this report.
② My computer isn't working.
③ The meeting room needs to be cleaned.
④ Where is the mail room?

(14) Sean: Do you often travel abroad?
Dell: Yes, several times a year.
Sean: (　　　)
Dell: No, I actually enjoy it.

① Does it make you tired?　② It must be very exciting.

③ Where do you usually go?　④ You must enjoy it a lot.

(15) Student: May I ask a question?

Teacher: Yes, go ahead.

Student: (　　　)

Teacher: This Friday is the deadline.

① Is there any homework this weekend?

② What day of the week is it today?

③ When is the writing assignment due?

④ Would you explain the homework, please?

(16) Mike: Wow, did you see that?

Jane: What an amazing shot!

Mike: (　　　)

Jane: Yeah, he is the best player on the team.

① Does he always play this well?　② How many points does he have?

③ Is he an honest man?　④ Which team has the best player?

【4】次の英文を読み、(17)～(25)の問いに対する答えとして最も適切なものを、それぞれ下の①～④の中から一つずつ選びなさい。

"Self-driving cars" are cars that can run without human drivers. While still in the early stages of development, this new technology is changing the world around us.

Self-driving cars have been in (　　　) for some time. In the year 2004, the U.S. government made a competition to build driverless cars. By the year 2019, many traditional car companies such as Toyota, BMW, and Mercedes had programs researching self-driving technology. At the same time, newer companies like Waymo and Tesla have been testing different designs and collecting data to improve their self-driving systems. In 2023, self-driving taxi services are already available in several cities in the U.S.

So, what benefits can we expect from self-driving technology? For one thing, driverless cars will likely be cheaper than traditional taxis; they will make it easier for poor people and older people to travel. Secondly, they will be safer—once the technology improves, there will be fewer (　　　) caused by bad drivers. Of course, self-driving will also allow people to do work or sleep while riding in the car. The cheaper cost of transportation could also help other businesses to move their products.

While self-driving cars will change our lives in the near future, there are still many problems that need to be solved. First of all, self-driving technology needs to be improved to make sure it is safe and reliable. (■ 1) Governments around the world will also need to make new laws about this technology. (■ 2) Additionally, some traditional industries will change rapidly. (■ 3) Car companies, for example, may not sell as many vehicles as people start using self-driving taxis. (■ 4)

Self-driving cars may cause just as much change to society as when the first cars replaced horses. They may seem unbelievable, but perhaps they are not too far away.

(17) 2行目の下線部の"stages"に代わる語として最も適切なものを選びなさい。

① lives　② phases　③ plays　④ shows

(18) 3行目の (　　　) の中に入れるのに最も適切なものを選びなさい。

① advancement　② development　③ making　④ producing

(19) 第２段落の情報をもとに、自動運転車について考えられるものを選びなさい。

① New companies are working on different solutions.

② Only famous companies have self-driving technology.

③ Self-driving taxis are very common around the U.S.

④ Self-driving technology started less than 10 years ago.

(20) 11行目の下線部の“likely”に代わる語として最も適切なものを選びなさい。

① definitely　② friendly　③ happily　④ probably

(21) 11行目の下線部の“they”が指しているものを選びなさい。

① driverless cars　② older people　③ poor people　④ traditional taxis

(22) 13行目の（　　　）の中に入れるのに最も適切なものを選びなさい。

① accidents　② alerts　③ complaints　④ noises

(23) 第４段落の情報をもとに、自動運転車の課題について、最も適切なものを選びなさい。

① Quick changes may cause trouble for some industries.

② Self-driving cars will never be safe and reliable.

③ Self-driving taxis will be too expensive.

④ There are too many laws about self-driving cars.

(24) 第４段落で、以下の英文を追加するのに最も適切な場所（■）を選びなさい。

Truck drivers could also lose their jobs.

①（■ 1）　②（■ 2）　③（■ 3）　④（■ 4）

(25) 本文から、自動運転車について考えられるものを選びなさい。

① Self-driving cars are already better than traditional cars.

② Self-driving cars can benefit all people and industries.

③ Self-driving cars have too many problems to be useful.

④ Self-driving cars will change the world in many ways.

◀II 期▶

【1】次の(1)～(7)の（　　　）の中に入れるのに最も適切なものを、それぞれ下の①～④の中から一つずつ選びなさい。

(1) There (　　　) enough staff members so we had to wait for a long time.

① didn't　② hadn't　③ wasn't　④ weren't

(2) The document (　　　) to my home address.

① send　② sent　③ was sending　④ was sent

(3) She asked her mother for help because she couldn't do it (　　　).

① by her own　② herself　③ her own　④ on herself

(4) Flight A1 is now boarding. Please (　　　) gate 10 immediately.

① come to　② coming from　③ go from　④ going to

(5) The fans were excited (　　　) it was a close match.

① as well as　② because　③ in respect　④ thus

(6) I was late, and the movie (　　　) when I arrived.

① had started　② is starting　③ start　④ was started

(7) You can see stalls (　　　) sell snacks and drinks.

① that　② they　③ those　④ where

【2】次の(8)～(12)の（　　　）の中に入れるのに最も適切なものを、それぞれ下の①～⑧の中から一つずつ選びなさい。

(8)（　　　）is a leader of a club, organization, or country.

(9)（　　　）is a place in a school where musical performances are held.

(10)（　　　）is someone who is in charge of an elementary or high school.

(11)（　　　）is a message to tell people important information.

(12)（　　　）is a place where people can relax.

① A cinema　② A lounge

③ A president　④ A principal

⑤ An announcement　⑥ An assistant

⑦ An auditorium　⑧ An emergency exit

【3】次の(13)～(16)の（　　　）の中に入れるのに最も適切なものを、それぞれ下の①～④の中から一つずつ選びなさい。

(13) Mom: Have you done your school assignments yet?

Boy: (　　　)

Mom: Well, I guess so. But make sure you finish them before dinner.

Boy: Thanks, I will!

① No, but can I finish this game first?

② I'm almost done with my homework.

③ There aren't any assignments today.

④ Yes, I did. Can we have pizza tonight?

(14) Sam: Are you ready for the big presentation tomorrow?

Jim: Not yet. I still need to make the slides.

Sam: (　　　)

Jim: Thanks, I'll need it!

① Do you need anything from me?

② I haven't finished mine either.

③ I've already made mine.

④ Well, I wish you luck!

(15) Mark: Is there anything you need while we are at the mall?

John: I want to get some new clothes.

Mark: (　　　　)

John: Okay, let's go to the men's fashion section.

① How about the food court?

② I need some things, too.

③ It might be expensive.

④ What kind of fashion do you like?

(16) Beth: Is this your first time watching a baseball game?

Jane: (　　　　)

Beth: Wow, you must be a big fan!

Jane: You've got that right!

① Baseball is a fun game.

② I have season tickets!

③ It's your first time?

④ Yes, I play all the time.

【4】次の英文を読み、(17)～(25)の問いに対する答えとして最も適切なものを、それぞれ下の①～④の中から一つずつ選びなさい。

These days many people have been talking about “artificial intelligence,” or AI. As AI becomes more and more useful, it is having a huge impact on how humans communicate and do business.

AI is used for many different things, including tasks involving looking, listening, speaking, reading, and writing. For example, some AI systems can look at pictures and (　　　) the plants, animals, or objects in them. (■ 1) Companies like Apple and Google have developed systems that can respond to complicated voice commands; some AIs can even speak naturally with humans on the telephone. (■ 2) As for reading and writing, AI *chatbots have been around for many years. (■ 3) More recently, ChatGPT was released to the public in 2022. (■ 4) It can read messages from users and produce many types of writing, from stories to emails.

How have AI systems improved so much, so fast? One important factor is the advancement of computers. In recent years, better computers have become more affordable. These computers are used to train AI systems with huge amounts of data from the internet. The combination of powerful computers and large data sets allows for AI systems that can write text just as well as a human.

AI has already changed many people’s work. For example, some computer programmers have started to use it to help write and check computer code, making their jobs faster and easier. In hospitals, AI systems can help doctors check sick patients. This sounds good, but AI could also make some jobs unnecessary, which means people would lose work and need to change careers.

AI has certainly improved our lives in many ways, but people are also (　　　) that it could become dangerous if it is used in bad ways. For better or worse, it looks like AI is here to stay!

注：*chatbots = チャット・ボット（テキストや音声を使って、自動的に会話を行うプログラム）

(17) 2行目の下線部の“impact”に代わる語として最も適切なものを選びなさい。

①　bump　　②　hit　　③　effect　　④　event

(18) 6行目の（　　　）の中に入れるのに最も適切なものを選びなさい。

① identify　② itinerary　③ sample　④ simple

(19) 7行目の下線部の“respond”に代わる語として最も適切なものを選びなさい。

① regrow　② relive　③ reply　④ resupply

(20) 第2段落で、以下の英文を追加するのに最も適切な場所（■）を選びなさい。

One example is Microsoft’s popular chatbot Xiaoice, released in 2014.

①（■ 1）　②（■ 2）　③（■ 3）　④（■ 4）

(21) 第3段落の情報をもとに、AIの進化について、最も適切なものを選びなさい。

① It results from a combination of computers and data.
② It results from ChatGPT.
③ It results from a large amount of data.
④ It results from powerful computers.

(22) 18行目の下線部の“it”が指しているものを選びなさい。

① AI　② computer code
③ text　④ work

(23) 第4段落の情報をもとに、AIと仕事について、最も適切なものを選びなさい。

① AI makes people’s work more difficult.
② Computer programmers always use AI for writing code.
③ Doctors cannot use AI.
④ Some jobs may disappear because of AI.

(24) 22行目の（　　　）の中に入れるのに最も適切なものを選びなさい。

① careful　② happy　③ excited　④ worried

(25) 本文から、AI について、最も適切なものを選びなさい。

① It is dangerous and should be stopped.

② It was important for business in the past.

③ It will continue to change our lives in many ways.

④ People cannot live without AI.

数　学

（3 科目 90 分）

受験についての注意

1. 分数形で解答が求められているときは、既約分数で答えて下さい。（例：$\frac{9}{6}=\frac{3}{2}$とする）
2. 根号の中はできるだけ小さな自然数にして答えて下さい。（例：$\sqrt{8}=2\sqrt{2}$とする）
3. 円周率はπで表して下さい。

解答用紙について：すべての設問に「解き方」と「解答」を記入する欄がある。

◀Ⅰ　期▶

【問題1】

次の問いに答えよ。

(1) 次の式を計算せよ。

$(2\sqrt{5}+\sqrt{6})(2\sqrt{5}-\sqrt{6})$

(2) 次の式を因数分解せよ。

$16x^2-16xy-5y^2$

(3) 次の1次不等式を解け。

$|x-2|<5$

【問題2】

次の2次関数

$y=x^2-6x+5 \qquad (0 \leqq x \leqq 5)$

の最大値、最小値を求めよ。また、そのときのxの値を求めよ。

【問題3】

△ABCにおいて、AC＝1、BC＝$\sqrt{21}$、∠A＝120°のとき、ABの長さを求めよ。

【問題4】

次の表は5人の生徒A～Eに対する英語と数学の小テスト（10点満点）の結果である。このとき以下の問いに答えよ。

	A	B	C	D	E
英語	7	4	10	6	8
数学	8	7	9	6	10

(1)　英語と数学の平均点と分散をそれぞれ求めよ。

(2)　英語と数学ではどちらの散らばりが大きいと言えるか、標準偏差を基に判断せよ。

◀II　期▶

【問題1】

次の問いに答えよ。

(1) 次の式を展開せよ。

$(a+b+c)(a-b+2c)$

(2) $x=\sqrt{6}+\sqrt{5}$ 、$y=\sqrt{6}-\sqrt{5}$ のとき、次の値を求めよ。

x^2+y^2

(3) 次の不等式を解け。

$x^2-6x-4>8-2x$

【問題2】

$x=2$ で最大値4をとり、グラフが点 (0, 2) を通る2次関数を求めよ。

【問題3】

3辺の長さが AB＝12、BC＝8、AC＝10 である△ABC の最大角を θ とするとき、$\cos\theta$ を求めよ。

【問題4】

次の表はある学校のバスケットボールチームA、Bの選手の身長（単位はcm）を記録したものである。このとき、次の問いに答えよ。

Aチーム	178	169	186	170	167
Bチーム	169	185	173	176	175

⑴　Aチームの身長の平均値と中央値を求めよ。

⑵　Bチームの1人の記録が間違っており、正しい記録での平均値と中央値は、いずれも176cmであった。間違った記録を答え、それに対する正しい記録を求めよ。

⑤　少数の権利を守ることはたしかに大事であるが、独断で権利の有無が決められることも重要である。

〔問八〕　本文の内容と合致しないものを、次の①～⑤の中から一つ選びなさい。

①　公平で透明性が高い社会では、結果として監視化が進行し常に見られることを意識するようになる。

②　可視化された社会では、これまで人々が知りえなかった事柄が問題化するようになった。

③　個人主義化された社会では、個人の主張や権利が増える反面すべての行いに対して個人が責任を負うことになる。

④　公平で透明性が高い社会では、個人の能力と権利がこれまで以上に拡大したことで、人々の一元化が阻止される。

⑤　公平で透明性が高い社会では、これまで以上に個人のコミュニケーションコストが高くなり、社会はかえって非効率になる。

〔問六〕 傍線――部⑶「人の精神を荒んだものに変えていく」のはなぜか。その理由としてもっとも適切なものを、次の①〜⑤の中から一つ選びなさい。

① すべての行いに対して仲間内の視線を意識して生活しなければならないから。
② 日本のゲームやアイドル文化は世界中から注目されているため、その良さを常に表明しなければならないから。
③ すべての行いがローカルにもグローバルにも可視化・批判され、それに対する説明を行わなければならないから。
④ 政治や言論を本業とする人々であっても、すべての批判に反論し、改善を要求することは心労になるから。
⑤ すべての行いが地域コミュニティや家族に対して筒抜けになっており、プライバシーがないから。

〔問七〕 本文から読み取れる、少数の権利を守ることに対する筆者の考えとしてもっとも適切なものを、次の①〜⑤の中から一つ選びなさい。

① 少数の権利を守ることはたしかに大事であるが、そのすべてに対応することは現実的に困難である。
② 少数の権利を守ることはたしかに正しいため、あがった声には可能な限り対応すべきである。
③ 少数の権利を守ることはたしかに大事であるが、少数派の人々が声をあげることはまずないだろう。
④ 少数の権利を守ることは正しいのだから、人々はその権利を常に主張していくべきである。

〔問四〕 空欄 A に入るもっとも適切な文を、次の①〜⑤の中から一つ選びなさい。

① どうせなら意見を一致させた方がいい
② どうせ意見など無いに等しい
③ いずれにせよ意見は一致するだろう
④ いずれ意見が一致しないはずがない
⑤ どうせ意見など一致するはずがない

〔問五〕 傍線部⑵「昼夜を問わず監視し」の言い換えとしてもっとも適切なものを、次の①〜⑤の中から一つ選びなさい。

① 朝以外の時間帯は警戒し
② 断続的にチェックし
③ 時間があるときに見守り
④ ひとときも離れずそばにいて
⑤ 四六時中モニタリングし

(ア) 身も蓋もなく　① 元も子もなく　② 中身を伴わず　③ 露骨に　④ 形式的に　⑤ 遠まわしに

(イ) 無慈悲な　① 悩みのない　② 平和な　③ 一匹狼な　④ 非情な　⑤ 強権的な

(ウ) 閾値　① 許容範囲　② 平均点　③ 行動範囲　④ 目標値　⑤ 経験値

(エ) 合理的な　① 短絡的な　② 稀有な　③ 妥当な　④ 狡猾な　⑤ 楽観的な

〔問二〕 波線〜〜〜部(a)・(b)の熟語の構成と同じものを、次の各群の①〜⑤の中からそれぞれ一つずつ選びなさい。

(a) 隠蔽　① 往復　② 再会　③ 未定　④ 崩壊　⑤ 矛盾

(b) 緩衝　① 出発　② 読書　③ 予知　④ 頭痛　⑤ 抑揚

〔問三〕 傍線――部(1)「事案になる」の対象としてもっとも適切なものを、次の①〜⑤の中から一つ選びなさい。

① 社会の制度設計　② サービスの手順や品質のぶれ

③ 代行業　④ SNS

⑤ 民主主義

他の人と比べて自分がいかに我慢しているか、平等になっていないかが明白になる。声を上げれば権利が守られる、場合によっては拡大するのであれば、どんなに些細なことでも声を上げるのは(エ)合理的な行動である。その機会を失うわけにもいかない。

とても運のいいことに、社会は生活の可視化を望んでいて、IOTなどの技術がそれに呼応することで、今後もどんどん人々の行いは丸裸になっていく。情報技術を利用することで、自分より得をしている人が居ないか(2)昼夜を問わず監視し、見つけたらコミュニティにその情報を拡散して、同じ待遇を求めたり、得をしていた人たちを懲らしめることができる。

この状況は、何をするにもコミュニティの中はもちろんのこと、世界の視線を意識しなければならないことを意味する。美少女ゲームのテーマも、アイドルの衣装も「せまいコミュニティ向けに設計された商品だから」と、その内側だけに気を取られていると、別の国家から、別の文化から批判される。すべての行いが多くの人の視線にさらされ、批判され、その行いが改善されていくことは、人がよりよくなるために必要なことかもしれない。しかし、(b)緩衝材としての地域やコミュニティや家族が崩壊したいま、すべての個人がそれを引き受けるのは明らかに重荷だ。批判されることが仕事のうちの為政者や言論人はいいが、市井で静かに暮らしたい人までそれだけのコミュニケーションコストを支払うことになるのは、短期的には社会の効率を悪くし、長期的には(3)人の精神を荒んだものに変えていくだろう。

（岡嶋裕史『インターネットというリアル』より。一部改変有り。）

〔問一〕　傍線――部(ア)～(エ)の言い換えとしてもっとも適切なものを、次の各群の①～⑤の中からそれぞれ一つずつ選びなさい。

【二】 次の文章を読んで、後の問（問一～八）に答えなさい。

個人の能力と権利が拡大した社会は、多様性を殺す。好きにやっていいと言われると、みんな同じになる。社会の制度設計はより公平になり、透明性が上がった。技術的にもインターネットとその上で展開されるアプリケーションが、社会の透明性を上げ、可視化した。たとえば、SNSは友だち関係を(ア)身も蓋もなく可視化した。それで何が起こったか。SNSにアップする写真が寂しくならないように、誕生日や記念日に、友だちとして振る舞って写真に収まる代行業が出現した。フランチャイズ店での客あしらいは、偏執狂的なまでに平準化された。サービスの手順や品質には、当然店舗ごとにぶれがある。以前は隔たった距離がそれを(a)隠蔽し、誰の目にも触れず、問題にもならなかった。しかし、可視化された社会では、それが不公平だとネット上にアップされ、(1)事案になる。

民主主義は登場した頃、たいそうなものではなかった。一〇〇人いれば一〇〇通りの意見があるのは当たり前だ。［　A　］。多数決に五一人が投じたならば四九人は我慢しよう、が本質である。(イ)無慈悲な専制君主が支配するよりはよほどいい政体であるが、完璧ということはない。ところが、個人主義が隅々まで行き渡り、社会の可視化も結びつくと、人々は満場一致を求めるようになってしまった。多数決で採用されなかった四九人の意見も、できるだけ尊重しなければならない。少数意見も大事にしなければ、民主主義は単に票を読み、集めるゲームになってしまう。だから、少数の権利を守るのは正しい。

だが、その正しさを(ウ)閾値を超えて追求すると、個人の権利と自意識は際限なく肥大化する。だれか一人が「気に入らない」と声を荒らげれば、その声をぶつけられた人は必ず対応しなければならなくなる。すべての行いとやり取りは可視化され、

③　一つの空間でありつつ多くの機能を有していた。

④　路地裏では子どもたちはくつろいだり、外遊びを行ったりしていた。

⑤　路地裏は子どもたちにとって交流や文化現象の発生源でもあった。

〔問六〕　本文の主旨としてもっとも適切なものを、次の①～⑤の中から一つ選びなさい。

①　当時の子どもたちの遊び空間は都市部にはなく地方でのみ存在していた。

②　子どもたちにとって、「原っぱ」はたまり場とはなりえなかったといえる。

③　一見すると何もない空間である「原っぱ」であっても、子どもが存在すれば有意味なものとなる。

④　当時の子どもたちのかかわりに闘争や緊張はなく常に調和的であった。

⑤　子どもたちにとって、かつての「原っぱ」や「道路」が人生経験において重要であった。

① 子どもたちのいわば原点であり、人生のルーツであった。
② 子どもたちにとって生まれ育った場所であり、唯一の遊び場であった。
③ 子どもたちがいずれ必ず帰る場所であり、原初の風景であった。
④ 子どもたちの人生の出発点であり、自然豊かな草原であった。
⑤ 子どもたちが都市に来る前に住んでいた地方であり、心の奥底にある光景であった。

〔問四〕 傍線――部⑵「それ」が指すものとしてもっとも適切なものを、次の①～⑤の中から一つ選びなさい。

① 山の手　② 何もない空間　③ 意味のある場所
④ 異年齢仲間集団　⑤ ガキ大将

〔問五〕 本文中における「道路」の説明として適切でないものを、次の①～⑤の中から一つ選びなさい。

① 「原っぱ」と異なり地域空間との連続性はなかった。
② 「原っぱ」と同じく空間同士の境界は曖昧なままであった。

(ア) ジュッカイ　① 位階　② 懐古　③ 解任　④ 介入　⑤ 受戒

(イ) ヒナガタ　① 干潟　② 破片　③ 肩書　④ 味方　⑤ 類型

(ウ) ショウチョウ　① 追徴　② 眺望　③ 兆候　④ 省庁　⑤ 懲罰

(エ) キョウキュウ　① 協賛　② 享受　③ 偏狭　④ 試供　⑤ 共益

〔問二〕 空欄 A ～ D に入るもっとも適切な言葉を、次の各群の①～⑤の中からそれぞれ一つずつ選びなさい。

A　① おずおず　② ひょうひょう　③ あくせく　④ ほのぼの　⑤ わなわな

B　① 立体　② 自然　③ 均質　④ 人工　⑤ 仮想

C　① 一元的　② 主体的　③ 機能的　④ 科学的　⑤ 趣味的

D　① 未来　② 役割　③ 重荷　④ 業務　⑤ 片棒

〔問三〕 傍線――部⑴「子どもたちの故郷であり、〝原風景〟であった」の言い換えとしてもっとも適切なものを、次の①～⑤の中から一つ選びなさい。

会から成る異年齢仲間集団こそ、「原っぱ」という遊び空間の主役たちに相応しい。(2)それは、まさしく地域共同体のヒナ(イ)ガタであった。

　これに対して、「道路」とは、多くの人々が都市部に住むようになった頃の子どもたちの代表的な遊び場であり、それは地域共同体の空間とは連続していなかった。空間は次第に［　C　］に分化されてきており、人々の生活の場からも生産の場からも部分的に隔絶されていた。また、道路は、家と家とを隔て、一つの仲間集団と別の仲間集団とを隔てるショウ(ウ)チョウ的空間でもあった。そこでは、時間的にも空間的にも社会的に、遊びと遊びでないこととの境界として存在しており、この境界としての時空を表象したものが「道路」である。

　「原っぱ」が農村部における仲間集団の「たまり場」であったとすれば、「道路」もまた、小規模ながら都市部における仲間集団の「たまり場」であった。なかでも、裏通りの路地は住居に隣接した屋外空間として多様な［　D　］を担っていた。そこは、あるときは子どもたちにとって住まいの延長であるかのように、平気で座り込んだり、寝転んだり、ままごと遊びを行ったりする場所であるかと思えば、隠れん坊、鬼ごっこ、かんけり、石けり、なわとび、ボール遊びなど活発な外遊びの場所でもあった。さらに、都市部の子どもたちの生活空間である路地裏には、駄菓子屋と貸本屋が数多くあり、放課後、そこはいつも子どもたちで溢れていた。駄菓子屋の店先は、群れ遊ぶ子どもたちのコミュニケーションの場（サロン）であるとともに、メンコやビー玉などの遊び道具を調達するルートであり、貸本屋は漫画の(エ)キョウキュウ源であった。

（中井孝章『子どもの居場所と多世代交流空間』より。文中省略あり。）

〔問一〕　傍線――部(ア)～(エ)にあてはまる漢字を含む熟語を、次の各群の①～⑤の中からそれぞれ一つずつ選びなさい。

▲II期▼

【一】　次の文章を読んで、後の問（問一～六）に答えなさい。

子ども時代に「原っぱ」での遊びを体験した人々の記憶は強烈でしかも印象的なものが多い。たとえば、作家、奥野健男は、東京のような大都会にも戦前には、地方に負けない自然との連帯と地縁が存在し、自己形成空間としての原風景を育成する「原っぱ」という環境があったことを次のように(ア)ジュッカイしている。すなわち、「こういう山の手の不安定な界隈でも子どもは学校とは違う世界、〝原っぱ〟を持っていた。……そこは学校の成績や家の貧富の差などにかかわりのない子どもたちの別世界、自己形成空間であり、そこの支配者は腕力の強い、べいごまもめんこもうまい餓鬼大将であった。ぼくたち中流階級の子は［ A ］その世界に入り、みそっかすとして辛うじて生存を許されていたようだった。しかしこの〝原っぱ〟(1)こそ山の手の子どもたちの故郷であり、〝原風景〟であった。」（奥野健男『増補　文学における原風景』集英社、一九八八年、二九―三〇頁）、と。

子どもたちからみると、「原っぱ」とは、三次元から成る単なる［ B ］空間ではない。それは、荘漠と拡がる何もない空間―意味の不在な（空白の）空間―を、子どもたちが全身で遊ぶことによって意味のある場所へとつくり変え、自分たちのものにしていくところなのである。しかも、（中略）そこには必ず空間への意味づけを協同して行う大勢の仲間たち―家族集団や学校集団とは独立した異年齢の仲間集団―と、それをとりまとめるガキ大将が存在した。ガキ大将に率いられた、近隣社

④　作者は、人間関係を重視しない価値観を持ちつつ仲間づくりが困難な学校の状況に疑問を持っている。

⑤　作者は、集団教育の良いところを認める一方で子供に対して連帯感を強制する仕方に疑問を持っている。

⑤　全て受けとめることを辞退したい

〔問四〕　傍線――部(Y)のここでの意味として最も適切なものを、次の①～⑤の中から一つ選びなさい。

①　学校教育がいけない
②　集団は楽しい
③　孤独になりたがる
④　人づき合いは鬱陶しい
⑤　手を差し伸べてくる相手が気持ち悪い

〔問五〕　作者の見解として最も適切なものを、次の①～⑤の中から一つ選びなさい。

①　作者は、子供は他者の能力を知る必要があるという教育観に疑問を持っている。
②　作者は、能力の違う子供たちを一律に教育できない環境や制度に対して疑問を持っている。
③　作者は、集団教育のデメリットを改善する新しい教育が議論されていなかったことに疑問を持っている。

[問二]　（Ａ）～（Ｃ）に当てはまる最も適切な言葉を、次の各群①～⑤の中からそれぞれ一つずつ選びなさい。

（Ａ）　①　能力がない　②　運がある　③　才能にめぐまれた
　　　④　意欲がない　⑤　可能性がある

（Ｂ）　①　創造性　②　経済力　③　社会性
　　　④　自分に向き合う力　⑤　個人特性

（Ｃ）　①　魅了される　②　向いている　③　無関係な
　　　④　向いていない　⑤　魅了されない

[問三]　傍線――部(X)の言いかえとして最も適切なものを、次の①～⑤の中から一つ選びなさい。

①　重荷なので回避したい
②　嫌なので責任を逃れたい
③　できるかわからないがやり遂げたい
④　嫌な気分だけど全力で取り組みたい

が足りない」といった(ウ)タンジュンな思考では解決できない。愛情がいやらしい、手を差し伸べてくる相手が気持ち悪い、と感じる子供もいるし、それは間違っているのではない。そういう価値観なのだ。そこを理解しないで、一律に自分たちの(Y)価値観が正しいと押しつけようとする。そんな光景を、僕は何度か見てきた。

僕の価値観は、この「押しつけられる馴《な》れ馴れしさが気持ち悪い」というものだ。僕は引き籠もりになったことはないけれど、引き籠もりの生活に憧れることはある。人づき合いは、基本的に鬱陶しいものだと考えている。僕が子供たちの教育に積極的に関わらなかった（学校の行事に参加しなかった）のもこのためかもしれない。

しかし、僕の妻は常識的な人で、ごく一般的な価値観を持っている。僕は彼女のやり方を非難したことはない。子供を共有しているので、僕は僕の方針で子供に接し、彼女は彼女の方針で子育てをした。お互いに意見(エ)コウカンはしても、相手を非難したりはしない。どうしても統一された結論が必要な場合は、どちらかが引き下がることになる。

（森博嗣『勉強の価値』より。文中省略・変更あり。）

〔問一〕　傍線――部(ア)～(エ)に当てはまる漢字を含む熟語を、次の各群①～⑤の中からそれぞれ一つずつ選びなさい。

(ア)　ゼンヒテイ　①　逃避　②　賛否　③　卑屈　④　比率　⑤　非常

(イ)　キュウ　①　支給　②　緩急　③　学究　④　等級　⑤　新旧

(ウ)　タンジュン　①　順番　②　一巡　③　準拠　④　批准　⑤　純粋

(エ)　コウカン　①　換気　②　歓声　③　完了　④　観察　⑤　勘定

自分にはわからないことが、どうしてあの子はわかるのだろう。自分にとって簡単なことが何故あの子はできないのだろう。そういう他者の傾向や思考を想像するだけで、生きていくうえで大事な（　Ｂ　）が育つだろう。

どうして人は誤解するのか、どう間違えるのか、どんなふうに説明をすれば理解されるのか、などを学ぶには、他者の能力を知る必要がある。社会で重要な技術は、他者とつき合わないと勉強できない。

一方では、集団で教育することのデメリットもある。

頻繁に指摘されているのは、能力差によって、必要とされる教育方法が異なるのに、一律に教えることで、能力の高い子供も、能力の低い子供も損をする、という点だろう。

日本の場合、学校を変わることで、レベルの違う教育を受けることができるけれど、一番差が激しい年代である小学生のときに、そういった柔軟な教育を受けることは難しい。それに、小学校から高校まで、飛び(イ)キュウのように学年を飛び越える制度もない。大学では一部行われているが、一般的とはいえないレベルである。

集団教育と個別教育は、どちらが正しく、どちらが優れている、という問題ではない。あえていうなら、子供それぞれにとって、向いているものと、そうでないものがあり、同じ子供でも、向いている科目とそうでないものがあるだろう。

学校教育がいけないのではなく、学校教育に（　Ｃ　）子供がいる、ということが重要な視点といえる。教育に関わる人は、その理解を持たなければならない。

集団は楽しいものだ。仲間は素晴らしい。家族愛はなくてはならない。これらは常識になっているようだが、それを(X)負担だと感じる子供もいる。そして、孤独になりたがる子供に、愛情をもって接し、仲間に入ろう、一緒に楽しもう、と引き込むことがかえって逆効果となる場合も多いだろう。それが嫌だから、登校拒否になり、引き籠もる子供が出る。「家族の愛情

〔問六〕　作者の見解として最も適切なものを、次の①～⑤の中から一つ選びなさい。

①　イギリスと日本の法律や制度を比較して現在の放送の仕組みを検討する必要がある。

②　日本はイギリスと異なる放送制度であることを踏まえて受信料を徴収する必要がある。

③　これからはインターネットによる番組づくりを中心にして放送を変えていく必要がある。

④　時代の変化にあわせて日本においても公共放送の受信料制度を変えていく必要がある。

⑤　民放と公共放送の融合を果たしたイギリスの制度を手本に日本も見習う必要がある。

【二】　次の文章を読んで、後の問（問一～五）に答えなさい。

集団で教育を受けることのメリットがないわけではない。もちろんある。学校教育を(ア)ゼンピテイするつもりは全然ない。たとえば、世の中にはどんな人たちが存在しているのか、ほかの子供たちはどの程度の能力なのか、ということを知る機会として価値がある。自分よりも能力のある子供を見ることも勉強になるし、逆に、自分よりも（　A　）子供を見ることも同じくらい大事な機会だ。

① イギリスからＢＢＣが無くなり、日本からＮＨＫが無くなること。
② 日本のＮＨＫがイギリスのＢＢＣの制度を参考に受信料の値段を設定すること。
③ イギリスでＢＢＣの受信料制度が無くなり、次に日本のＮＨＫの受信料制度が無くなること。
④ 受信料の廃止はイギリスのＢＢＣだけで、日本のＮＨＫでは廃止されないこと。
⑤ 日本のＮＨＫとイギリスのＢＢＣが連携して受信料制度の廃止に関して反論・反対すること。

〔問五〕　傍線――部(Y)から読み取ることができる作者の意見として最も適切なものを、次の①～⑤の中から一つ選びなさい。

① 受信料制度に関して世間が騒ぐようになってから、総務省もＮＨＫもようやく対応に乗り出した。
② イギリスのＢＢＣにおける受信料制度の変化があったために、総務省とＮＨＫは対応せざるを得ない。
③ 今まで総務省とＮＨＫは不真面目に受信料制度の議論に取り組んでいたので残念で仕方がない。
④ イギリスのＢＢＣは真面目に受信料制度の廃止を議論してきたが、総務省とＮＨＫには無理だろう。
⑤ 総務省とＮＨＫはイギリスのＢＢＣが先に受信料制度を廃止してくれて、制度の廃止がしやすくなった。

(い)　起草
①　案をつくる　②　賛成する　③　多数決をとる
④　下地をならす　⑤　票を投じる

〔問三〕（　A　）〜（　C　）に当てはまる最も適切な言葉を、次の各群①〜⑤の中からそれぞれ一つずつ選びなさい。

（　A　）①　無くなった　②　行った　③　来た
④　終わった　⑤　帰った

（　B　）①　よもや　②　やがて　③　なぜか
④　さては　⑤　まさか

（　C　）①　値上げしても　②　何もしなくても　③　値下げしても
④　大きくなっても　⑤　無くなっても

〔問四〕傍線――部(X)の内容として最も適切なものを、次の①〜⑤の中から一つ選びなさい。

起草(い)し、国王がＢＢＣに供与する特許状（Royal Charter）によって決められるということだ。１９２７年から続く制度である。

特許状更新は10年ごとに行われ、その都度ＢＢＣの業務範囲や経営などを政府と議論し、時代に合うように修正していくことになっている。２００７年にiPlayerによるインターネット配信が加わったのも、時代に合わせた修正だといえる。

（有馬哲夫『ＮＨＫ受信料の研究』より。文中省略・変更あり。）

〔問一〕傍線――部(ア)〜(エ)に当てはまる漢字を、次の各群①〜⑤の中からそれぞれ一つずつ選びなさい。

(ア)　シサ　①支　②指　③志　④資　⑤示
(イ)　コンドウ　①同　②道　③動　④胴　⑤堂
(ウ)　チョウシュ　①種　②主　③手　④取　⑤首
(エ)　カして　①貨　②仮　③可　④課　⑤科

〔問二〕傍線――部(あ)・(い)の意味として最も適切なものを、次の各群①〜⑤の中からそれぞれ一つずつ選びなさい。

(あ)　凍結
①温めない　②実行しない　③強調しない
④無視しない　⑤議論しない

　私はこれまでもさまざまな雑誌記事やネット記事でＮＨＫの受信料の廃止を訴えてきた。受信料廃止が世界の趨勢《すうせい》だとも指摘してきた。今度のニュースに触れて、総務省とＮＨＫは、(Y)いよいよ受信料の廃止を真面目に議論しなければならない時期が来たと考えるべきだろう。

　イギリスのテレビ許可料とは、許可を取得した者が特定の場所（家庭、事業所など）に、放送（テレビ放送、ラジオ放送）を受信できる機器を設置し、それを使用（視聴、録画、録音）するのに必要な料金のことである。政府に代わってＢＢＣが徴収するようになったのは１９９１年だが、それが法制化されたのは２００３年の通信法によってである。以下では、受信料ではなく許可料という言葉を使う。ＮＨＫの受信料と(イ)コンドウを避けたいからだ。

　さらに説明を加えると、許可取得者は、その機器を使ってラジオ放送やテレビ放送を(ウ)チョウシュまたは視聴し、録音・録画することができる。機器はテレビ受像機やラジオ受信機に限らず、パソコン、ケータイ、タブレットも含まれる。

　また、放送に関しても、ＢＢＣと民放を含むので、ＢＢＣの放送を視聴・チョウシュしていなくても許可料を払わなくてはならない。この制度では、テレビその他の機器を設置し、使用するから許可料を払うのであって、ＢＢＣと受信契約しているから払うのではない（日本の放送法はＮＨＫとの契約義務を定めているが受信料支払い義務を(エ)カしていない）。極端にいえば、ＢＢＣが解体されて（　Ｃ　）許可料は払わなければならず、その際は、ＢＢＣに代わってなんらかの機関が徴収し、それが公共放送や民放などに回されることになる。

　ちなみに、２００７年からは、許可取得者は、他の民放の無料動画配信サービスに加え、ＢＢＣのiPlayerというアプリによる同様のサービスも受けられるようになった。

　もう一つ日本との大きな違いは、このような許可料やＢＢＣの運営などは、日本のように放送法ではなく、時の政府が

国語

（大学……三科目　九〇分
短期大学部……三〇分）

▲Ⅰ　期▼

【一】 次の文章を読んで、後の問（問一～六）に答えなさい。

　２０２２年1月17日、ＢＢＣニュースの日本語版が「英文化相、ＢＢＣの受信料制度廃止を(ア)シサ」と報じた。その翌日、同ニュースサイトは「英政府、ＢＢＣ受信料の2年間(あ)凍結を下院で発表」と続報を打った。

　いよいよＢＢＣも追い詰められた感がある。２０１７年からイギリスのテレビ許可料（TV License、日本のＮＨＫ受信料にあたる）の動きに注目し、複数の記事でそれを書いてきた私にとっては、来るものが（　Ａ　）という感じだ。

　これは日本のＮＨＫ（日本放送協会）の受信料制度に影響を与えるのだろうか。(X)間違いなくそうなるだろう。ＮＨＫは、ＢＢＣと共通する部分が多い。だから放送の事情に詳しい人々は「イギリスで起こっていることは（　Ｂ　）日本でも起こる」と考え始めている。そのこと自体が大きな影響だ。

解答編

英語

◀I　期▶

1 解答　(1)—②　(2)—②　(3)—④　(4)—③　(5)—①　(6)—①　(7)—②

2 解答　(8)—⑧　(9)—⑥　(10)—①　(11)—⑦　(12)—②

3 解答　(13)—②　(14)—①　(15)—③　(16)—①

4 解答　《自動運転車の今後》

(17)—②　(18)—②　(19)—①　(20)—④　(21)—①　(22)—①　(23)—①　(24)—④　(25)—④

◀Ⅱ　期▶

1 解答　(1)—④　(2)—④　(3)—②　(4)—①　(5)—②　(6)—①
(7)—①

2 解答　(8)—③　(9)—⑦　(10)—④　(11)—⑤　(12)—②

3 解答　(13)—①　(14)—④　(15)—②　(16)—②

4 解答　《AI の今後》

(17)—③　(18)—①　(19)—③　(20)—③　(21)—①　(22)—①　(23)—④
(24)—④　(25)—③

数　学

◀Ⅰ　期▶

1 解答 《無理数の計算，因数分解，1次不等式》

(1)　$(2\sqrt{5}+\sqrt{6})(2\sqrt{5}-\sqrt{6})=(2\sqrt{5})^2-(\sqrt{6})^2$

$=20-6$

$=14$　……(答)

(2)

$$\begin{array}{llll} 4x & \diagdown\!\!\!\!\diagup & y \longrightarrow & 4xy \\ 4x & & -5y \longrightarrow & -20xy \\ \hline & & & -16xy \end{array}$$

よって　$16x^2-16xy-5y^2=(4x+y)(4x-5y)$　……(答)

(3)　$|x-2|<5$ より　$-5<x-2<5$

よって　$-3<x<7$　……(答)

2 解答 《2次関数の最大値・最小値》

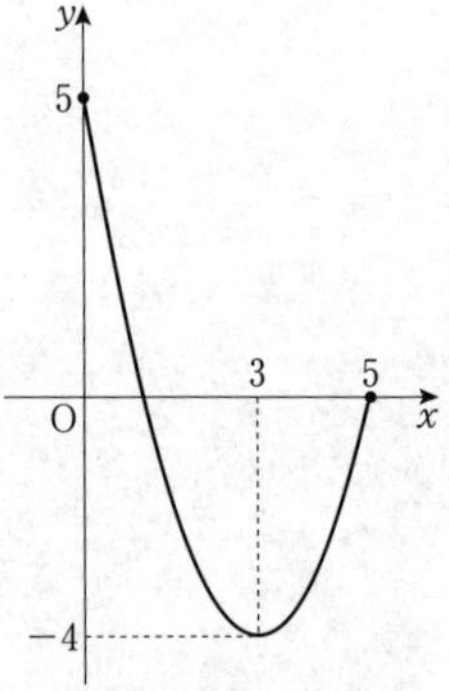

$f(x)=x^2-6x+5$ とおくと

$f(x)=(x-3)^2-4$

よって，$0\leqq x\leqq 5$ における $y=f(x)$ のグラフは下に凸であり右図のようになるので

最大値 5　$(x=0)$　最小値 -4　$(x=3)$　……(答)

3 解答 《余弦定理》

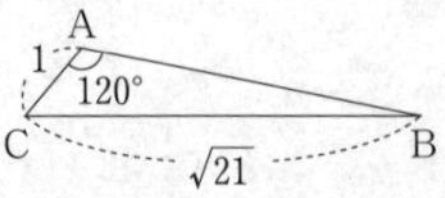

AB$=x$ $(x>0)$ とおくと，余弦定理より

$21=x^2+1^2-2\cdot x\cdot 1\cdot\cos 120°$

$x^2+x-20=0$

$(x+5)(x-4)=0$

$x>0$ だから　$x=4$

よって　AB=4　……(答)

4 解答 《平均点，分散，標準偏差》

(1) 英語の平均点，分散をそれぞれ $\overline{x}$，$s_x{}^2$

数学の平均点，分散をそれぞれ $\overline{y}$，$s_y{}^2$ とおくと

$$\overline{x}=\frac{7+4+10+6+8}{5}=\frac{35}{5}=7\text{ 点}\quad\text{……(答)}$$

$$s_x{}^2=\frac{(7-7)^2+(4-7)^2+(10-7)^2+(6-7)^2+(8-7)^2}{5}=\frac{20}{5}$$

$$=4\quad\text{……(答)}$$

$$\overline{y}=\frac{8+7+9+6+10}{5}=\frac{40}{5}=8\text{ 点}\quad\text{……(答)}$$

$$s_y{}^2=\frac{(8-8)^2+(7-8)^2+(9-8)^2+(6-8)^2+(10-8)^2}{5}=\frac{10}{5}$$

$$=2\quad\text{……(答)}$$

(2) $s_x=2$，$s_y=\sqrt{2}$ だから　$s_x>s_y$

よって，英語の方が数学より散らばりが大きい。……(答)

◀II 期▶

1 解答 《式の展開，無理数の計算，2次不等式》

(1) $(a+b+c)(a-b+2c)$

$=\{(a+b)+c\}\{(a-b)+2c\}$

$=(a+b)(a-b)+2c(a+b)+c(a-b)+2c^2$

$=a^2-b^2+2ca+2bc+ca-bc+2c^2$

$=a^2-b^2+2c^2+bc+3ca$ ……(答)

(2) $x+y=2\sqrt{6}$，$xy=1$ だから

$x^2+y^2=(x+y)^2-2xy=(2\sqrt{6})^2-2=22$ ……(答)

(3) $x^2-6x-4>8-2x$

$x^2-4x-12>0$

$(x+2)(x-6)>0$

∴ $x<-2$，$6<x$ ……(答)

2 解答 《2次関数の決定》

$x=2$ で最大値 4 をとるので

$y=a(x-2)^2+4 \quad (a<0)$

とおける。

これが，点 $(0,\ 2)$ を通るので

$2=4a+4 \qquad ∴ \quad a=-\frac{1}{2}$

これは，$a<0$ をみたすので適する。

よって $\quad y=-\frac{1}{2}(x-2)^2+4$ ……(答)

3　解答　《余弦定理》

最大辺の対角が最大角だから　$\theta=\angle \mathrm{ACB}$

余弦定理より

$$\cos\theta=\frac{8^2+10^2-12^2}{2\cdot 8\cdot 10}=\frac{1}{8}\quad \cdots\cdots(答)$$

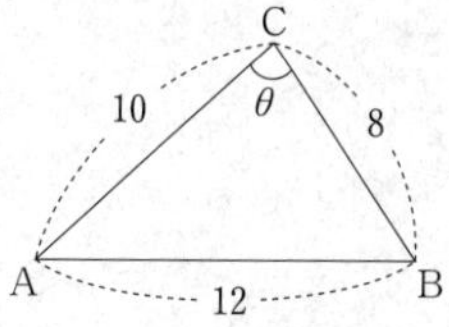

4　解答　《平均値，中央値》

(1)　平均値は

$$\frac{178+169+186+170+167}{5}=\frac{870}{5}=174〔\mathrm{cm}〕\quad \cdots\cdots(答)$$

また，データを小さい順に並べると

167，169，170，178，186 だから，中央値は　170〔cm〕　……(答)

(2)　B チームの間違った合計は　$169+185+173+176+175=878$

また，正しい合計は　$176\times 5=880$

よって，B チームの間違ったデータを小さい順に並べた

169，173，175，176，185 のうち，どれか 1 つに 2 点加えると，176 が小さい方から 3 番目にくる。

よって，間違った記録は 175 cm で，正しい記録は 177 cm　……(答)

問七　①

問八　④

▲II期▼

一

出典　中井孝章『子どもの居場所と多世代交流空間』〈II　子どもたちからみた〈学校時間―学校空間―生活空間〉〉（大阪公立大学共同出版会）

解答

問一　(ア)―②　(イ)―⑤　(ウ)―①　(エ)―④

問二　A―①　B―③　C―③　D―②

問三　①

問四　④

問五　②

問六　⑤

二

出典　岡嶋裕史『インターネットというリアル』〈第5章　新しいインターネットの構造と小さな信仰〉（ミネルヴァ書房）

解答

問一　(ア)―③　(イ)―④　(ウ)―①　(エ)―③

問二　(a)―④　(b)―②

問三　②

問四　⑤

問五　⑤

問六　③

問四 ②

問五 ⑤

国語

▲Ⅰ期▼

一

出典 有馬哲夫『NHK受信料の研究』〈序章 BBCに起こることはNHKにも起こる〉（新潮新書）

解答

問一 (ア)―⑤ (イ)―① (ウ)―④ (エ)―④

問二 (あ)―② (い)―①

問三 A―③ B―② C―⑤

問四 ③

問五 ②

問六 ④

二

出典 森博嗣『勉強の価値』〈第4章 学校で勉強をする意味〉（幻冬舎新書）

解答

問一 (ア)―② (イ)―④ (ウ)―⑤ (エ)―①

問二 A―① B―③ C―④

問三 ①

一般選抜（前期日程）

問題編

▶試験科目・配点

区分	教　科	科　　目	配　点
大学	外　国　語	コミュニケーション英語Ⅰ・Ⅱ（リスニングを除く）	100 点
	選　　　択	日本史Ｂ，世界史Ｂ，「数学Ⅰ・Ａ」から１科目選択	100 点
	国　　　語	国語総合・現代文Ｂ（古文・漢文を除く）	100 点
短期大学部	選　　　択	「コミュニケーション英語Ⅰ・Ⅱ（リスニングを除く）」，「国語総合・現代文Ｂ（古文・漢文を除く）」から１科目選択	100 点

▶備　考

- １月 20 日実施分を掲載。
- 実用英語技能検定または TOEIC の資格・点数を英語の得点とみなし，選抜日当日の英語得点と比較して高い方の得点で合否判定する「英語外部試験利用選抜制度」がある。

【大学】

- 上記のうち，高得点２科目の合計点（200 点），および出願書類を参考に総合判定し，合否を決定。
- 上記３科目の受験が必須。ただし，合否判定には高得点の２科目を採用。

【短期大学部】

- 上記の１科目（100 点），および出願書類を参考に総合判定し，合否を決定。
- ２科目受験も可能（その場合，合否判定には高得点の１科目を採用）。ただし，特待生制度（奨学金給付）志望者は２科目受験が必須。

英　語

（60分）

【1】 次の(1)～(20)の（　　　）の中に入れるのに最も適切なものを、それぞれ下の①～④の中から一つずつ選びなさい。

(1) I saw many (　　　) at the festival yesterday.

① younger　② youngster　③ child　④ children

(2) Many countries (　　　) represented at the Olympics.

① are　② is　③ be　④ being

(3) The movie (　　　) very interesting.

① seem　② is　③ are　④ sound

(4) All (　　　) in that store are very expensive.

① shirt　② the shirts　③ a shirt　④ the shirt

(5) There was (　　　) rain in June.

① a　② ten days　③ a lot of　④ many

(6) It was very hot so (　　　) people went outside.

① little　② few　③ much　④ any

(7) The school (　　　) four exams so far this year.

① has　② is holding

③ has held　④ has been holding

(8) Are these your things, or are they (　　　)?

① our　② you　③ us　④ ours

(9) I have to return all (　　　) books by tomorrow.

① this　② that　③ there　④ these

(10) I will be out of town (　　　) August 18th to August 28th.

① between　② from　③ while　④ since

(11) I hope to finish my report (　　　) the end of the week.

① in　② until　③ by　④ on

(12) (　　　) a lot in Hokkaido in winter.

① Snows it　② Is snowing　③ It snows　④ Snowing is

(13) Tokyo (　　　) venue for international economic events.

① an important is　② is an important

③ is it important　④ important is

(14) A picture dictionary is a book (　　　) words with meanings and images.

① that it lists　② lists　③ lists them　④ that lists

(15) (　　　) is fun in summer.

① Swam　② Swim　③ Swimming　④ Swims

(16) We (　　　) many interesting people when we travelled through Europe.

① were met　② met　③ meet　④ were meeting

(17) The apartment (　　　) near the beach had a great view.

① it is rented　② that Ken rented

③ rented it　④ that it rented

(18) Studying English is hard, but you should (　　　).

① stick it with　② stick English with

③ stick you with　④ stick with it

⒆ Could you (　　　) with this assignment?

① help out me　② help me out
③ helping me out　④ help to me out

⒇ If you (　　　) for the exam, you would have passed.

① study　② would study　③ will study　④ had studied

【2】次の(21)～(25)の(　　　)の中に入れるのに最も適切なものを、それぞれ下の①～④の中から一つずつ選びなさい。

(21) Mary: Do you like taking the train to work?
Ken: Well, it's crowded, but it's still better than driving.
Mary: Why do you say that?
Ken: (　　　)

① The train is more expensive.
② Driving is cheaper and faster.
③ The train is cheaper and faster.
④ Driving is more relaxing.

(22) Judy: What's your favorite YouTube channel?
Lucy: (　　　) I'd rather read a book.
Judy: That's boring! Don't you like to watch videos?
Lucy: Not really. Books are more interesting.

① I don't really like reading.
② I really like watching videos.
③ I really like YouTube.
④ I don't really like YouTube.

(23) Paul: Do you have the time?

Anna: It's half past eight.

Paul: We'd better hurry. The concert starts at nine!

Anna: (　　　) We'll never make it.

① It's too early now.

② It's too late now.

③ It's too slow now.

④ It's too fast now.

(24) Dana: Look at this great shirt I got on sale.

Jade: Wow! (　　　) Is the sale still on?

Dana: It finishes today, so you'd better hurry.

Jade: I'll go now then. What time do they close?

① I don't like your shirt.

② I don't like cheap shirts.

③ I don't need any new shirts.

④ I need some new shirts too.

(25) Kana: This restaurant has good prices.

Mike: And the food is good as well.

Kana: (　　　)

Mike: That's true. You can't have everything.

① And the service is too slow.

② But the service is too slow.

③ And the location is great.

④ But the location is great.

【3】次の(26)～(30)の（　　　）の中に入れるのに最も適切なものを、それぞれ下の①～⑥の中から一つずつ選びなさい。

(26)（　　　）is a feeling of confidence or of being reliable.

(27)（　　　）is a person who is involved in controlling a country or area.

(28)（　　　）is something a person plans or hopes to achieve in the future.

(29)（　　　）is a person who tries to help sick people.

(30)（　　　）is a person who represents a client in legal matters.

① A doctor　　② A politician
③ A goal　　④ A lawyer
⑤ A store　　⑥ Trust

【4】次の(31)～(40)の（　　　）の中に入れるのに最も適切なものを、それぞれ下の①～④の中から一つずつ選びなさい。

Judit Polgar was born in 1976 in Budapest, Hungary. She is an (31) chess player and said to be one of the best female players ever. She became famous in a male-dominated field, starting her chess journey at just five years old. With her sisters, she was taught at home by her parents, who (32) in developing their intellectual talents.

In 1991, at the age of 15, Judit Polgar became the youngest [*1]grandmaster in chess history. Her achievements gained her respect and admiration in the chess (33). Throughout her career, she defeated numerous world champions and top players, building her (34) as a strong force.

A (35) achievement in her career was winning the 2002 Dortmund Chess Meeting, where she performed better than famous male grandmasters, including the world champion. Her fearless and (36) playing style, along with her brilliant planning, made her a tough opponent for anyone, regardless of their reputation.

Judit Polgar's journey from a young talent to a chess champion (37) people worldwide. Her skill, love, and passion for the game have left a lasting mark on chess history, proving that greatness knows no boundaries of age, gender, or (38) expectations. She remains a role model, showing how determination and talent can break barriers and lead to success in any field. Through her efforts, Judit has not only improved the world of chess but also encouraged people to pursue their (39). Her legacy will continue to inspire (40) to come.

（注） *[1]grandmaster＝名人

(31)	① except	② exceptional	③ exception	④ accept
(32)	① believed	② lived	③ trust	④ faith
(33)	① official	② social	③ public	④ community
(34)	① reputation	② famous	③ popular	④ rumor
(35)	① practical	② convenient	③ significant	④ useful
(36)	① originality	② imaginative	③ fictional	④ invention
(37)	① inspires	② changes	③ alters	④ varies
(38)	① friendship	② association	③ company	④ social
(39)	① emotion	② passions	③ impression	④ affection
(40)	① generations	② centuries	③ years	④ months

【5】次の英文を読み、(41)～(50)の問いに対する答えとして最も適切なものを、それぞれ下の①～④の中から一つずつ選びなさい。

The Rubik's Cube is a fascinating puzzle that has amazed people around the world since its creation in 1974 by Ernő Rubik, a Hungarian inventor. It's a 3D cube with six faces, each covered in different colored stickers. The goal is to twist and turn the cube's faces until each side shows a single, solid color. This simple-looking cube is much more challenging than it appears. With an extraordinary 43 *1quintillion possible combinations, finding the correct sequence to solve it might seem impossible. However, the Rubik's Cube has captured the hearts of millions of people, from kids to adults, who enjoy the thrill of trying to crack the code.

The Rubik's Cube grew in popularity during the 1980s and has since become a symbol of puzzle-solving and brain power. It's a puzzle that rises above language and cultural barriers, fascinating people worldwide. Solving the Rubik's Cube requires more than just luck — it demands logic, strategy, and an eye for patterns. Various methods and *2algorithms have been developed over the years to help people tackle this puzzling cube.

*3Speedcubing, a competitive sport where the goal is to solve the Rubik's Cube as quickly as possible, has emerged as proof of the enthusiasm and skill of cubers. In speedcubing competitions, participants use advanced techniques to complete the puzzle in astonishingly short times — the current world record stands at under four seconds! However, the Rubik's Cube is not only for speedcubers seeking to break records. It offers a challenging and fun pastime for people of all ages and skill levels. Many people take pride in learning to solve the cube on their own, working through the various twists and turns with determination.

(1)Its appeal extends beyond entertainment — the Rubik's Cube also serves as an educational tool. Solving the cube requires critical thinking, *4spatial awareness, and problem-solving skills. People who regularly engage with puzzles like the Rubik's Cube can improve their mental abilities and enhance their memory. Aside from the classic 3×3×3 Rubik's Cube, there are also different versions with varying sizes and complexities. From the smaller 2×2×2 "Pocket Cube" to the huge 17×17×17 "Over the Top," there is a Rubik's Cube to suit everyone's liking and skill level.

The Rubik's Cube has had a significant impact on culture, influencing various fields of study. It has become a symbol of human creativity, challenging us to (2)<u>think outside the box</u> and not give up in the face of difficulty. Numerous books, guides, and online resources have been dedicated to teaching the art of solving the Rubik's Cube, making it accessible to enthusiasts worldwide. The puzzle's popularity has even led to the creation of global Rubik's Cube communities, where cubers share tips, techniques, and friendship. People from different backgrounds and nationalities come together, united by their love for the cube.

The Rubik's Cube is much more than a simple puzzle — it's a fascinating and challenging *5brain teaser loved by millions. From its creation in the 1970s to its continued popularity in the present day, it has (3)<u>captured the minds of people</u> worldwide. Whether you are a casual puzzler or a speedcubing enthusiast, the Rubik's Cube offers endless hours of entertainment, intellectual stimulation, and a sense of accomplishment when you finally crack the code and solve it. It's a timeless icon of human curiosity, creativity, and determination, reminding us that with patience and resolve, we can overcome even the most difficult challenges.

（注）　*1quintillion ＝ 10 の 18 乗

*2algorithm ＝アルゴリズム、演算の手順

*3speedcubing ＝スピードキュービング、ルービックキューブを短い時間で完成させる競技

*4spatial awareness ＝空間認識能力

*5brain teaser ＝脳トレ・能力トレーニング

(41) What is the main purpose of this passage?

① To introduce problems with the Rubik's Cube.

② To introduce the Rubik's Cube and explain its charm.

③ To give information about speedcubing.

④ To introduce different versions of the Rubik's Cube.

(42) According to the passage, which one of the statements below is TRUE about the Rubik's Cube?

① It is very easy to solve the puzzle.

② There are not many possible combinations.

③ It was named after its creator.

④ It was created in the 1980s.

(43) What helped popularize the Rubik's Cube around the world?

① It's too difficult so it's not popular.

② It's very easy so many people like it.

③ Its popularity in Hungary helped.

④ Its appeal is not limited by language or culture.

(44) According to the passage, what is speedcubing?

① It's an event where speedcubers share their techniques.

② It's a competition where people collect Rubik's Cubes.

③ It's an activity where people try to solve the puzzle quickly.

④ It's a sport where the goal is to outlast your opponent.

(45) 下線部（1）の "Its" が指しているものは、次のうちどれですか。

① The Rubik's Cube　　② Educational tool

③ Entertainment　　④ Determination

(46) According to the passage, what is one educational benefit of the Rubik's Cube?

① Using it takes up a lot of time.

② Using it improves memory and thinking skills.

③ Using it is good for entertainment.

④ Using it is good for your patience.

(47) Why are there different versions of the Rubik's Cube?

① Because there is only one version, the classic 3×3×3 Rubik's Cube.

② Because there are at least three different versions.

③ Because people have differing abilities and levels.

④ Because the original design was too easy.

(48) 下線部 (2) の “think outside the box” に代わる表現として最も適切なものを選びなさい。

① think like everyone else

② think about boxes and cubes

③ think quickly

④ think in imaginative new ways

(49) What kind of people join Rubik’s Cube communities?

① English speakers who need help solving their Rubik’s Cube.

② People from around the world who love the Rubik’s Cube.

③ People from Hungary who are Rubrik’s Cube experts.

④ People from different countries who don’t like the Rubrik’s Cube.

(50) 下線部 (3) の “captured the minds of people” に代わる表現として最も適切なものを選びなさい。

① fascinated people　② bored people

③ made people angry　④ made people happy

日本史

（60 分）

【1】 次の文章を読んで、後の問い（1 ～ 10）に答えなさい。

7世紀半ばに東アジア諸国では中央集権国家の建設が迫られるようになった。倭国でも大臣の地位を世襲するようになった蘇我氏が、厩戸王の子であった (a) を滅ぼしてさらなる権力の集中を企図していった。この事件に危機感を抱いた中大兄皇子は、蘇我本宗家のみに権力が集中することに反発する蘇我倉山田石川麻呂や中臣鎌足らを味方に引き込み、蘇我本宗家を滅ぼして、王権を中心とした中央集権的な国家の建設に踏み出した。この政変がきっかけとなり、皇極天皇は弟の軽皇子に譲位し、 (b) が即位した。天皇は翌646年、(c)「改新の詔」を発し、新政権の方針を表明した。

同じ頃、朝鮮半島では、(d)新羅が唐と結んで、隣国の百済を滅ぼした。これに対し倭国は、国内に滞在していた旧百済の王子豊璋に軍勢をつけ半島へと出兵を強行したが、(e)663年に白村江において、唐・新羅の連合軍と争い大敗した。その後、新羅は北方の高句麗も滅ぼして、676年に朝鮮半島を統一することに成功した。

この敗北をうけて、中大兄皇子は、667年に都を (f) に移し、(g)天智天皇として即位して、国内の体制を充実させた。しかし、天智天皇が671年になくなると、天皇の子の (h) と天皇の弟の間で皇位継承をめぐる争いが生じ、この争いに勝利した皇子が(i)天武天皇として即位した。この争乱の結果、 (h) 側についた豪族らの多くは失権し、天皇を中心に新たな形の中央集権国家体制の確立がすすんだが、天武天皇はその完成を見ることなく亡くなり、代わって天皇の皇后が(j)持統天皇として即位し、その諸政策を引き継ぎ、完成させていくこととなった。

1 空欄 (a) に該当する最も適当な人物を、次の①～③から一つ選びなさい。

① 長屋王　② 古人大兄皇子　③ 山背大兄王

2 空欄 (b) に該当する最も適当な天皇を、次の①～③から一つ選びなさい。

① 孝徳天皇　② 欽明天皇　③ 清和天皇

3　下線部(c)について、次の史料を読み、史料中の空欄に該当する語句の組み合わせとして最も適当なものを、次の①～③から一つ選びなさい。

史料

其の一に曰く、「昔在の天皇等の立てたまへる[Ⅰ]の民、処々の[Ⅱ]、及び、別には臣・連・伴造・国造・村首の所有る[Ⅲ]の民、処々の[Ⅳ]を罷めよ。仍りて食封を大夫より以上に賜ふこと、各差あらむ。」

① Ⅰ：子　代　Ⅱ：屯　倉　Ⅲ：子　代　Ⅳ：田　荘
② Ⅰ：部　曲　Ⅱ：田　荘　Ⅲ：部　曲　Ⅳ：屯　倉
③ Ⅰ：子　代　Ⅱ：屯　倉　Ⅲ：部　曲　Ⅳ：田　荘

4　下線部(d)について、この国と倭国との関わりを記した文章として最も適当なものを、次の①～③から一つ選びなさい。

① 高句麗の好太王碑には、倭国が海を渡り、朝鮮半島に侵攻し、百済やこの国と戦ったことが記されている。
② 7世紀には、この国から仏教が公式に伝えられ、国内ではその受容を巡って蘇我氏と物部氏との間で対立が生じた。
③ 倭寇の襲来によって弱体化したこの国は、李成桂により滅ぼされ、李成桂は新たに明の洪武帝から「朝鮮国王」として封じられた。

5　下線部(e)について、この後の国内の対応として**誤っているもの**を、次の①～③から一つ選びなさい。

① 筑紫や壱岐・対馬に防人や烽が置かれた。
② 大宰府北方に古代山城として大野城が築かれた。
③ 都の周囲には外敵の襲来に備え、御土居と呼ばれる土塁が設けられた。

6　空欄[(f)]に該当する最も適当な語句を、次の①～③から一つ選びなさい。

① 飛鳥浄御原宮　② 近江大津宮　③ 難波長柄豊碕宮

7 下線部(g)について、この時期に起こった出来事として**誤っているもの**を、次の①～④から一つ選びなさい。

① 最初の戸籍である『庚午年籍』が造籍され、永久保存とされた。

② 日本で最初の律令である『近江令』が作成された。

③ 中臣鎌足は、亡くなる直前に「藤原」の姓や「大織冠」を賜った。

④ 班田収授のための口分田が不足したため、「三世一身法」が発布された。

8 空欄 (h) に該当する最も適当な人物を、次の①～④から一つ選びなさい。

① 草壁皇子　② 大津皇子　③ 大友皇子　④ 舎人皇子

9 下線部(i)について、その治世の政策として最も適当なものを、次の①～④から一つ選びなさい。

① 和同開珎を鋳造し、その流通のために蓄銭叙位令を発布した。

② 悲田院を設け、先の争乱で親を亡くした孤児たちを保護した。

③ 八色の姓を定め、旧来の身分秩序の再編成を行った。

④ 教王護国寺や薬師寺を建立し、国家仏教の政策を推し進めた。

10 下線部(j)が亡くなった後、埋葬された古墳は、盗掘されていたことが鎌倉時代の藤原定家の日記に記録されている。その日記として最も適当なものを、次の①～③から一つ選びなさい。

① 『明月記』　② 『小右記』　③ 『蜻蛉日記』

【2】 次の文章を読んで、後の問い（[11]～[20]）に答えなさい。

13世紀初めに成立したモンゴル帝国の5代皇帝であったフビライ＝ハンは、都を新たに(a)大都に移し元を建国した。元は、朝鮮半島を征服すると、日本に対してもたびたび朝貢を要求してきた。

これに対し、鎌倉幕府では老齢の北条政村から、(b)5代執権北条時頼の嫡子で18歳になった北条時宗に執権職が譲られ、外圧に対応することとなった。

元は1274年、対馬・壱岐を攻め、博多湾に大挙して襲来した。幕府方は九州の御家人を動員しこれにあたったが、(c)元軍の用いた戦法や新兵器に苦戦を強いられた。しかし、元軍も内部対立を抱え、さらに大きな損害を被ったことから撤退していった。

その後も、(d)幕府は元軍の再度の襲来に備え、さまざまな対策を講じることとなった。(e)1281年、元軍は14万に及ぶ大軍で、再び九州に襲来したが、九州を襲った暴風雨によって大損害が生じ、二度目の襲来も撤退に追い込まれた。

元はその後も日本征服を計画していたため、日本側も警戒態勢を緩めることができず、これが鎌倉幕府滅亡の一因となっていった。

一方、元寇をしのいだ北条氏はさらに権力を拡大していったが、執権北条時宗は1284年に若くして亡くなり、その後を継いだ(f)北条貞時はわずか13歳であった。結果、幕政は北条貞時の外戚であった(g)安達泰盛と得宗被官の[(h)]が権力を巡って争い、1285年には[(i)]が起こり、[(h)]は安達泰盛を滅ぼして権力を掌握した。しかし、幼かった執権北条貞時が成長すると、幕政を壟断したとして[(h)]は滅ぼされた。

[11] 下線部(a)について、この都市の現在の名称として最も適当なものを、次の①～③から一つ選びなさい。

①　南　京　　②　北　京　　③　平　壌

[12] 下線部(b)について、彼が執権を務めた時期に起こった出来事として最も適当なものを、次の①～③から一つ選びなさい。

①　侍所別当を務めた有力御家人和田義盛を、和田合戦で討ち取った。

②　後鳥羽上皇らは有力御家人を味方に巻き込み、承久の乱を起こした。

③　有力御家人三浦泰村が宝治合戦で滅ぼされ、北条氏の専制的政治が強まった。

13 下線部(c)について、その内容として**誤っているもの**を、次の①～③から一つ選びなさい。

① 一騎打ちを中心とした日本側は、元軍が用いた集団戦法に苦戦させられた。

② 元軍は、上部が鉄で覆われた亀甲船を利用して制海権を握ることに成功した。

③ 元軍は「てつはう」と呼ばれた火薬を用いた炸裂弾を使用したため、その音や光に日本側は脅かされた。

14 下線部(d)について、このときの対策として**誤っているもの**を、次の①～③から一つ選びなさい。

① 北条一門を鎮西探題として新たに送り、再度の襲来に備えて九州地方の御家人を統制させた。

② 九州の御家人を中心に、異国警固番役を強化して、整備した。

③ 博多湾沿いに石築地（防塁）を構築し、元軍の上陸を阻もうとした。

15 下線部(e)について、この戦乱の名称として最も適当なものを、次の①～③から一つ選びなさい。

① 文禄の役　② 弘安の役　③ 慶長の役

16 下線部(f)について、彼が執権のときに出された「永仁の徳政令」の内容として最も適当なものを、次の①～③から選びなさい。

史料

一、質券売買地の事

右、所領を以て或いは質券に入れ流し、或いは売買せしむるの条、御家人等侘傺《たてい》の基なり。向後に於いては、停止に従ふべし。以前の沽却《こきゃく》の分に至りては、本主領掌せしむべし。但し、或いは御下文・下知状を成し給ひ、或いは知行廿箇年を過ぐるは、公私の領を論ぜず。今更相違有るべからず。…

次に非御家人・凡下の輩《ともがら》の質券買得地の事、年紀を過ぐると雖《いえど》も、売主知行せしむべし。

『東寺百合文書』

① 所領を質入れしたり売買することは、御家人が困窮するもとなので、今後は禁止とする。

② 御家人がこれ以前に売却してしまっている所領に関しては、今回の法令の対象としない。

③ 御家人以外でも二十年を超えて支配している所領に関しては、公領・私領に関わらず、その支配を認める。

17 「永仁の徳政令」の史料中の下線部について、これに該当する具体的な職業として最も適当なものを、次の①～③から一つ選びなさい。

① 土　倉　　② 馬　借　　③ 借　上

18 下線部(g)について、九州の御家人が、恩賞奉行であった彼と直談判を行って恩賞地と馬を獲得した場面が「蒙古襲来絵巻」には描かれている。この絵巻を描かせた肥後の御家人として最も適当な人物を、次の①～③から一つ選びなさい。

① 長崎高資　　② 高　師直　　③ 竹崎季長

19 空欄［　(h)　］に該当する最も適当な人物を、次の①～③から一つ選びなさい。

① 平　貞盛　　② 平　頼綱　　③ 平　忠常

20 空欄［　(i)　］に該当する最も適当な事件を、次の①～③から一つ選びなさい。

① 霜月騒動　　② 観応の擾乱　　③ 承和の変

【3】 次の文章を読んで、後の問い（21 ～ 30）に答えなさい。

1611年、徳川家康は皇位継承にも介入し、(a)後陽成天皇が本来、望んでいた弟宮の(b)八条宮智仁親王ではなく、子の［(c)］へと譲位させた。徳川家康は1615年に(d)大坂の陣で豊臣氏を滅ぼすと、朝廷を幕府が厳しく統制するため(e)禁中並公家諸法度を制定し、［(f)］を通じて、朝廷の行動を幕府の管理下に組み込んでいった。また、徳川家康は孫娘の和子を入内させることを申し入れ、認めさせることにも成功した。

一方、幕府が規制を強めるなか、天皇は従来の慣例通り、幕府に諮らず十数人の僧侶に対し紫衣着用の勅許を与え続けていたが、幕府それを認めず、法度違反として勅許を無効とした。これに対し、天皇は強く反発し、また、大徳寺住職［(g)］ら大寺の僧侶らも、天皇に同調して幕府に抗弁書を提出したが、幕府は逆に［(g)］らを流罪に処した。

このような幕府の圧力に憤激した天皇は、幕府に相談することなく、娘の興子内親王に譲位を強行した。即位した明正天皇は、［(h)］以来859年ぶりの女帝であり、朝幕関係はさらに緊張することとなった。その後も朝幕関係の緊張は続いたが、5代将軍徳川綱吉の時代に、禁裏御料が1万石から3万石へと増額され、また東山天皇の即位に際して大嘗祭が221年ぶりに復活するなど、ようやく朝幕関係も緩和の傾向がみられるようになった。また、(i)6代将軍徳川家宣の時代には、それまでの三宮家に加え、東山天皇の子の直仁親王をもって、新たに［(j)］家が立てられることとなった。

21 下線部(a)について、1588年に豊臣秀吉が京に築造した聚楽第に行幸しているが、その聚楽第の遺構と伝えられる建築物として最も適当なものを、次の①～③から一つ選びなさい。

① 慈照寺東求堂　② 西本願寺飛雲閣　③ 円覚寺舎利殿

22 下線部(b)について、その別荘として設けられた桂離宮に取り入れられた建築様式として最も適当なものを、次の①～③から一つ選びなさい。

① 権現造　② 寝殿造　③ 数寄屋造

23 空欄［(c)］に該当する最も適当な天皇を、次の①～③から一つ選びなさい。

① 後嵯峨天皇　② 光格天皇　③ 後水尾天皇

24 下線部(d)について、ある寺院の鐘に刻まれた「国家安康」の文字をめぐって生じた対立がきっかけとなった。その寺院として最も適当なものを、次の①～③から一つ選びなさい。

①　東大寺　　②　方広寺　　③　興福寺

25 下線部(e)について、この法令を起草した人物として最も適当なものを、次の①～③から一つ選びなさい。

①　林　羅山　　②　本居宣長　　③　金地院崇伝

26 空欄 (f) に該当する最も適当な語句を、次の①～③から一つ選びなさい。

①　京都守護職　　②　六波羅探題　　③　京都所司代

27 空欄 (g) に該当する最も適当な人物を、次の①～③から一つ選びなさい。

①　沢庵宗彭　　②　蘭溪道隆　　③　夢窓疎石

28 空欄 (h) に該当する最も適当な天皇を，次の①～③から一つ選びなさい。

①　持統天皇　　②　推古天皇　　③　称徳天皇

29 下線(i)について、徳川家宣とその子の徳川家継の時代に行われた政治は「正徳の治」と称されるが、その政策として**誤っているもの**を、次の①～③から一つ選びなさい。

①　朝鮮通信使の待遇を簡素化した。

②　海舶互市新例を出して長崎貿易を制限した。

③　相対済し令をだして金銭貸借の訴えを当事者間で解決させた。

30 空欄 (j) に該当する最も適当な語句を，次の①～③から一つ選びなさい。

①　有栖川宮　　②　閑院宮　　③　伏見宮

【4】 次の文章を読んで、後の問い（[31]～[40]）に答えなさい。

政府が(a)1877年に起こった最後の士族反乱を鎮圧するため大量の不換紙幣を発行したことが一因となって激しいインフレーションに見舞われた。このため1880年、大蔵卿の[(b)]は酒造税を増徴し、(c)官営模範工場の払下げをきめるなど、紙幣整理に着手した。しかし翌年、(d)開拓使官有物払下げ事件が問題化すると、政府内部の対立が表面化し、[(e)]を出すのと引き替えに[(b)]を罷免し、政府から追放した。

代わって[(f)]が大蔵卿に就任すると、徹底的な緊縮財政を展開するデフレ政策を推し進めた。また、1882年には(g)新たな条例を制定し、中央銀行を設立して、1885年には[(h)]による貨幣制度を整えることとなった。

しかし、厳しい緊縮・デフレ政策のため、国内の米や繭の価格が暴落し、深刻な不況が訪れた。このため定額の地租の負担は非常に重くなり、一部の自作農の中には小作農に転落する者も現れた。結果、(i)自由民権運動を新たに担うようになっていた農民らは、政府への反発から(j)各地で激化事件を引き起こし、自由民権運動も衰退していくことになった。

[31] 下線部(a)について、この反乱を主導した人物として、最も適当なものを、次の①～③から一つ選びなさい。

①　江藤新平　　②　西郷隆盛　　③　板垣退助

[32] 空欄[(b)]に該当する最も適当な人物を、次の①～③から一つ選びなさい。

①　大隈重信　　②　木戸孝允　　③　大久保利通

[33] 下線部(c)について、次の官営模範工場と払下げ先の組み合わせが**誤っているもの**を、次の①～③から一つ選びなさい。

①　長崎造船所－三　菱　　②　富岡製糸場－三　井　　③　足尾銅山－住　友

[34] 下線部(d)について、このときの開拓使の長官として最も適当な人物を、次の①～③から一つ選びなさい。

①　五代友厚　　②　渋沢栄一　　③　黒田清隆

[35] 空欄[(e)]に該当する最も適当なものを、次の①～③から一つ選びなさい。

①　立憲政体樹立の詔　　②　民撰議院設立建白書　　③　国会開設の勅諭

36 空欄 (f) に該当する最も適当な人物を、次の①～③から一つ選びなさい。

①　井上準之助　　②　高橋是清　　③　松方正義

37 下線部(g)に該当する最も適当な語句を、次の①～③から一つ選びなさい。

①　新貨条例　　②　国立銀行条例　　③　日本銀行条例

38 空欄 (h) に該当する最も適当な語句を、次の①～③から一つ選びなさい。

①　金本位制　　②　銀本位制　　③　管理通貨制

39 下線部(i)について、次の自由民権運動に関する出来事を年代順に並べ替えたときに、前から3番目にくるものとして最も適当なものを、次の①～③から一つ選びなさい。

①　愛国社設立　　②　三大事件建白運動　　③　自由党結成

40 下線部(j)の説明として、**誤っているもの**を、次の①～③から一つ選びなさい。

①　県令の三島通庸の道路開削方針に反対する福島県議会議長河野広中ら自由党員が弾圧、逮捕された。

②　「困民党」を称した自由党員らが負債据置、年賦返済を主張し挙兵したが、鎮台兵などにより鎮圧された。

③　県令の板垣退助らの殺害計画が事前に発覚したため、自由党員らが加波山にたてこもり蜂起したが、まもなく鎮圧された。

【5】 次の文章を読んで、後の問い（[41]～[50]）に答えなさい。

1971年、[(a)]内閣のもとで沖縄返還協定が調印され、沖縄の日本への復帰が決まっり、国民の大きな歓呼の声で迎えられた。

一方、アメリカの金準備が急速に悪化してくると、[(b)]大統領はドル防衛のために、金とドルの交換の一時停止を発表すると、日本は１ドル＝[(c)]の固定相場を維持しようとしたが西欧諸国が変動相場制に次々と移行したため、日本もこれに追随することとなり、[(d)]が急速に進行することとなった。このような状況をうけ、1971年末に各国は(e)アメリカのワシントンで先進10カ国蔵相会議を開催し、固定為替相場制の復活がはかられたが、1973年になると再びドル不安が再燃し日本や西欧各国は変動相場制に移行することとなった。さらに同年、第４次中東戦争が勃発すると、ＯＡＰＥＣは原油価格を段階的に４倍まで引き上げたため、中東地域からの原油の輸入に依存していた日本では、第一次石油ショックという未曾有の経済危機を迎えることとなり、長く続いた[(f)]が終わりを告げることとなった。

また、[(b)]大統領が北京を訪問し、[(g)]中国共産党主席や周恩来首相と会談した。これをうけ、日本でも急速に中国との関係改善を目指す声が高まり、[(h)]首相が北京を訪れ、日中共同声明に調印し、国交正常化が実現するなど、日本を巡る国際情勢は、政治的にも経済的にも大きく動くこととなった。

これらの世界的な変化をのりきっていくために、1975年、パリ郊外のランブイエで(i)初の先進国首脳会議が開かれ、以後、参加国が持ち回りで年１回の会議を持つことが合意され、(j)Ｇ５が形成されることとなった。

[41] 空欄[(a)]に該当する最も適当な人物を、次の①～③から一つ選びなさい。

①　池田勇人　　②　鳩山一郎　　③　佐藤栄作

[42] 空欄[(b)]に該当する最も適当な人物を、次の①～③から一つ選びなさい。

①　レーガン　　②　クリントン　　③　ニクソン

[43] 空欄[(c)]に該当する最も適当な語句を、次の①～③から一つ選びなさい。

①　360円　　②　308円　　③　270円

[44] 空欄[(d)]に該当する最も適当な語句を、次の①～③から一つ選びなさい。

①　円　高　　②　ドル高　　③　円　安

45 下線部(e)について、この場で合意された体制として最も適当なものを、次の①～③から一つ選びなさい。

① ブレトンウッズ体制　② プラザ合意　③ スミソニアン体制

46 空欄 (f) に該当する最も適当な語句を、次の①～③から一つ選びなさい。

① 日本列島改造計画　② 55年体制　③ 高度経済成長

47 空欄 (g) に該当する最も適当な人物を、次の①～③から一つ選びなさい。

① 蔣介石　② 毛沢東　③ 鄧小平

48 空欄 (h) に該当する最も適当な人物を、次の①～③から一つ選びなさい。

① 福田赳夫　② 竹下 登　③ 田中角栄

49 下線部(i)について、この会議に参加した首相のときに発覚した疑獄事件に該当する最も適当なものを、次の①～③から一つ選びなさい。

① ロッキード事件　② リクルート事件　③ 昭和電工事件

50 下線部(j)の国家に該当するものとして最も適当なものを、次の①～③から一つ選びなさい。

① カナダ　② ロシア　③ フランス

世界史

（60分）

【1】次の文章を読み、後の問い（[1]～[10]）に答えなさい。

前2千年紀、中国では(a)殷王朝が多数の邑を支配していた。殷自体も邑の一つであり、殷王は自らの領域を統治しつつ、宗教的儀礼を通じた神権政治によって大小多数の邑を統率した。その後、殷の支配領域西部の渭水流域におこった周は、前11世紀ごろに殷を滅ぼし、華北を支配した。周王は一族や功臣たちを世襲の諸侯に任じて各邑を支配させ、貢納と軍役を課した。王や諸侯に従う卿・大夫・士などの家臣にも、それぞれ地位と封土を与えられた。周王が天命を受けた「天子」と称して全体を統合していたが、世代が下って王・諸侯の関係が疎遠になると、各地の諸侯は独自の国家として活動するようになった。

前770年、周は都を[(b)]から東方の洛邑に移す。これ以降、周の勢力は衰え、前221年の秦による統一まで分裂と抗争の時代がつづいた。この時期の前半を(c)春秋時代（前770～前403)、後半を(d)戦国時代（前403～前221）という。春秋時代には覇者と呼ばれる有力な諸侯が周王にかわって諸国を束ねたが、(e)戦国時代になると、諸侯はもはや周王を無視して次々と王を称するようになった。

戦国時代の動乱をおさめ、最初の統一王朝となったのは秦である。秦王の政は前221年に統一を果たして、王の上の君主として「皇帝」と称した（始皇帝)。(f)始皇帝は世襲に基づく分権的な[(g)]にかわって、中央から官僚を派遣して統治させる[(h)]を全土に施行した。また、中国北方で遊牧国家を築いて強大化していた[(i)]に対抗し、戦国時代につくられた長城を修築した。また南方では華南を征服し、南海郡など3郡を置いた。

しかし、性急な統一政策や土木事業の負担に対して不満がつのり、始皇帝が没すると(j)全土で反乱が発生した。そのうち農民出身の劉邦と楚の名門出身の項羽があいついで都の咸陽を占領し、秦は統一からわずか15年で滅びた。項羽をたおした劉邦は前202年に皇帝の位につき、咸陽南郊の長安を都として漢をたてた。漢は[(g)]と[(h)]を併用しつつ、諸侯の権力削減をはかり、それに抵抗して起こった呉楚七国の乱をおさえて、前2世紀後半の(k)武帝のころまでに中央集権化を果たした。

[1] 上の文章中の下線部分(a)の殷王朝に関して述べた次の文A・Bの正誤の組合せとして最も適当なものを、①～④のうちから一つ選びなさい。

A　殷王朝の遺跡である殷墟からは甲骨文字資料が発見された。

B　殷王朝では高度に発達した青銅器が祭祀に用いられた。

①　A－正　　B－正　　　　②　A－正　　B－誤

③　A－誤　　B－正　　　　④　A－誤　　B－誤

[2] 上の文章中の空欄 [(b)] にはいる適当な語を、次の①～④のうちから一つ選びなさい。

①　開城　　②　臨安　　③　大都　　④　鎬京

[3] 上の文章中の下線部分(c)について、春秋時代の思想家として適当な人物を、次の①～④のうちから一つ選びなさい。

①　李斯　　②　孔子　　③　王陽明　　④　周敦頤

[4] 上の文章中の下線部分(d)の戦国時代の状況について述べた文のうち、誤っているものを、次の①～④のうちから一つ選びなさい。

①　鉄製農具の使用が普及した。

②　牛に犂をひかせる耕作方法により、生産力が高まった。

③　青銅貨幣が用いられた。

④　景徳鎮で陶磁器が生産された。

[5] 上の文章中の下線部分(e)に関して、「戦国の七雄」と呼ばれる七つの強国に入らないものを、次の①～④のうちから一つ選びなさい。

①　金　　②　燕　　③　斉　　④　趙

[6] 上の文章中の下線部分(f)の始皇帝が行ったことの説明として正しいものを、次の①～④のうちから一つ選びなさい。

①　焚書・坑儒により思想を統制した。

②　辮髪を漢人に強制した。

③　科挙で官僚を登用した。

④　租・調・庸の税制を実施した。

7 上の文章中の空欄 (g) ・ (h) にはいる語の組合せとして最も適当なものを、次の①～④のうちから一つ選びなさい。

① (g) 郡国制 (h) 封建制　② (g) 封建制 (h) 郡県制

③ (g) 封建制 (h) 郡国制　④ (g) 郡県制 (h) 封建制

8 上の文章中の空欄 (i) にはいる適当な語を、次の①～④のうちから一つ選びなさい。

① 鮮卑　② 突厥　③ 匈奴　④ 林邑

9 上の文章中の下線部分(j)の反乱として適当なものを、次の①～④のうちから一つ選びなさい。

① 赤眉の乱　② 白蓮教徒の乱

③ 陳勝・呉広の乱　④ 三藩の乱

10 上の文章中の下線部分(k)の武帝の時代の説明として誤っているものを、次の①～④のうちから一つ選びなさい。

① 鄭和が東南アジア方面へ派遣された。

② 張騫が中央アジア方面へ派遣された。

③ 塩・鉄・酒の専売が実施された。

④ 均輸法や平準法が実施された。

【2】次の文章を読み、後の問い（11～15）に答えなさい。

第二次世界大戦中、日本に占領された東南アジアの諸地域は、植民地宗主国の支配が弱まった状況を利用して、民族独立運動を大きく成長させた。1945年8月14日に日本がポツダム宣言を受諾して降伏し、15日に国民に明らかにすると、［(a)］領東インドでは17日に［(b)］を指導者にして(c)インドネシア共和国の成立が宣言された。フランス領インドシナでは、9月2日に［(d)］がベトナム民主共和国の独立を宣言した。

大戦で疲弊した(e)イギリスでも植民地の独立の容認は避けがたかった。インドでは統一を主張する［(f)］ら国民会議派と、分離を求める［(g)］ら全インド＝ムスリム連盟が対立したため、ヒンドゥー教徒の多いインド連邦とムスリム中心のパキスタン共和国に分かれて、1947年に独立した。

11　上の文章中の空欄［(a)］・［(b)］にはいる国名と人名の組合せとして最も適当なものを、次の①～④のうちから一つ選びなさい。

①　(a) アメリカ　(b) エンクルマ　　②　(a) スペイン　(b) モサデグ

③　(a) オランダ　(b) スカルノ　　④　(a) ポルトガル　(b) アギナルド

12　上の文章中の下線部分(c)のインドネシア共和国について述べた次の文A・Bの正誤の組合せとして最も適当なものを、①～④のうちから一つ選びなさい。

A　ポル＝ポトが赤色クメールを指導した。

B　バンドンでアジア＝アフリカ会議が開催された。

①　A－正　B－正　　②　A－正　B－誤

③　A－誤　B－正　　④　A－誤　B－誤

13　上の文章中の空欄［(d)］にはいる人名を、次の①～④のうちから一つ選びなさい。

①　ホー＝チ＝ミン　　②　ケマル＝アタテュルク

③　ファン＝ボイ＝チャウ　　④　ホセ＝リサール

14　上の文章中の下線部分(e)に関して、イギリスから独立したものとして誤っているものを、次の①～④のうちから一つ選びなさい。

①　セイロン　②　ビルマ　③　マラヤ連邦　④　ラオス

15 上の文章中の空欄 (f) ・ (g) にはいる人名の組合せとして最も適当なものを、次の①～④のうちから一つ選びなさい。

① (f) ジンナー　(g) ネルー　② (f) ネルー　(g) ジンナー
③ (f) ガンディー　(g) ティラク　④ (f) ティラク　(g) ガンディー

【3】次の文章を読み、後の問い（16～20）に答えなさい。

魏晋南北朝時代の中国では、インドから中国にもたらされた(a)仏教が広まり、それに刺激されて道教が成立した。道教は中国に古くからある民間信仰と神仙思想に、(b)道家の説を取り入れてできたものである。北魏では道士の (c) が教団をつくって太武帝に信任され、仏教に対抗した。

仏教は外来宗教であることから批判もうけ、たびたび廃仏事件も起こった。一方で(d)仏教の持つ整然とした経典・教義・教団組織は、(e)儒教（儒学）・道教にも経典の整備や教義の体系化、教団の組織化をうながしたのである。

16 上の文章中の下線部分(a)の仏教に関連して述べた次の文A・Bの正誤の組合せとして最も適当なものを、①～④のうちから一つ選びなさい。

A　北魏時代には雲崗に石窟寺院がつくられた。
B　仏教僧侶の玄奘は日本にわたった。

① A－正　B－正　② A－正　B－誤
③ A－誤　B－正　④ A－誤　B－誤

17 上の文章中の下線部分(b)の道家の思想家として適当な人物を、次の①～④のうちから一つ選びなさい。

① 荘子　② 韓非子　③ 荀子　④ 墨子

18 上の文章中の空欄 (c) にはいる適当な人名を、次の①～④のうちから一つ選びなさい。

① 王安石　② 司馬光　③ 王羲之　④ 寇謙之

［19］ 上の文章中の下線部分(d)に関連して述べた文のうち誤っているものを、次の①～④のうちから一つ選びなさい。

① インドのアショーカ王は仏典の結集を行った。

② 大乗仏教は中央アジアから中国・日本に影響を与えた。

③ 法顕はインドで仏教を学んで、中国に戻った。

④ 南詔では木版印刷の大蔵経が出版された。

［20］ 上の文章中の下線部分(e)の儒教（儒学）に関連して述べた次の文A・Bの正誤の組合せとして最も適当なものを、①～④のうちから一つ選びなさい。

A 儒教（儒学）の官学化は唐代の董仲舒によって進められた。

B 唐代に孔穎達が『五経正義』をまとめた。

① A－正　B－正　　② A－正　B－誤

③ A－誤　B－正　　④ A－誤　B－誤

【4】次の文章を読み、後の問A・問B（［21］～［30］）に答えなさい。

(a)ポルトガルの商人は、15世紀の初め頃から、すでにアフリカ西岸の探検に乗り出していたが､この活動は「航海王子」［ (i) ］の奨励によりおおいに進んだ。［ (ii) ］がアフリカ南端の喜望峰に達したのち、［ (iii) ］はこの岬を迂回してインド洋を横断して、1498年、インド西岸のカリカットに到達した。

競争相手のポルトガルに一歩出遅れた(b)スペインでは、(c)1492年、フィレンツェの天文学者の説を信じた［ (iv) ］が、70余日の困難な航海の末、カリブ海に浮かぶサンサルバドル島に到着した。その後、ポルトガル人［ (v) ］はブラジルに漂着し、この地をポルトガル領とした。イタリア人アメリゴ＝ヴェスプッチの南アメリカ大陸への探検によって、この地がアジアとは別の大陸であることがあきらかになった。

16世紀の初め、スペインの王室がアメリカ大陸の各地方に送り込んだ軍隊の指導者をコンキスタドールといい、彼らは(d)古い文明をもつインディオの諸王国を滅ぼした。このような大航海時代の到来は、世界の一体化をもたらした。(e)ヨーロッパ商業は世界的な広がりをもつようになり、すでにめばえはじめていた資本主義経済の発達をうながしたが、ラテンアメリカからの大量の銀の流入は、ヨーロッパに物価騰貴をもたらした。

問A 上の文章中の (i) ～ (v) にはいる適当な語句を、下のそれぞれ①～④のうちから一つずつ選びなさい。

21 (i) ① ジョアン ② エンリケ
③ フェリペ ④ エドワード

22 (ii) ① カボット ② イブン＝ハルドゥーン
③ アムンゼン ④ バルトロメウ＝ディアス

23 (iii) ① バルボア ② イブン＝バットゥータ
③ マルコ＝ポーロ ④ ヴァスコ＝ダ＝ガマ

24 (iv) ① スタンリー ② マゼラン
③ コロンブス ④ ラス＝カサス

25 (v) ① カブラル ② グーテンベルク
③ コシューシコ ④ リヴィングストン

問B 上の文章中の下線部分(a)～(e)について、下の設問に答えなさい。

26 上の文章中の下線部分(a)のポルトガルについて述べた文として正しいものを、次の①～④のうちから一つ選びなさい。

① 16世紀中ごろ、マカオに居住権を獲得した。
② 17世紀後半、インドのポンディシェリに貿易拠点を置いた。
③ 18世紀中ごろ、カーナティック戦争でフランスと戦った。
④ 19世紀後半、国内でドレフュス事件が発生した。

27 上の文章中の下線部分(b)のスペインについて述べた文として誤っているものを、次の①～④のうちから一つ選びなさい。

① カスティリャ王国とアラゴン王国が統合して成立した。
② マニラを拠点にアジア貿易を展開した。
③ 日本に使節ラクスマンを派遣した。
④ 人民戦線政府に対し、フランコが反乱をおこした。

28　上の文章中の下線部分(c)の 1492 年と同じ年代におきた出来事を、次の①～④のうちから一つ選びなさい。

①　イギリスでワット＝タイラーの乱が起こった。
②　ルターが「九十五カ条の論題」を発表した。
③　イギリスでピューリタン革命が起こった。
④　イベリア半島の国土回復運動（レコンキスタ）が成し遂げられた。

29　上の文章中の下線部分(d)の諸王国の内容について述べた次の文Ａ・Ｂの正誤の組合せとして最も適当なものを、①～④のうちから一つ選びなさい。

Ａ　メキシコ高原に発展したアステカ王国は、コルテスに滅ぼされた。
Ｂ　アンデス地域では、キープ（結縄）を用いるインカ帝国が発展した。

①　Ａ－正　Ｂ－正　　②　Ａ－正　Ｂ－誤
③　Ａ－誤　Ｂ－正　　④　Ａ－誤　Ｂ－誤

30　上の文章中の下線部分(e)について、大航海時代がヨーロッパに与えた影響について述べた次の文Ａ·Ｂの正誤の組合せとして最も適当なものを、①～④のうちから一つ選びなさい。

Ａ　ヨーロッパにおける遠隔地貿易の中心は、大西洋から地中海をのぞむ国々へ移動した。
Ｂ　この物価騰貴は価格革命とよばれ、固定地代の収入で生活する領主は打撃をうけた。

①　Ａ－正　Ｂ－正　　②　Ａ－正　Ｂ－誤
③　Ａ－誤　Ｂ－正　　④　Ａ－誤　Ｂ－誤

【5】次の文章を読み、後の問A・問B（31～40）に答えなさい。

植民地人口の増大や経済の発展は、イギリス本国の重商主義政策による規制を強化することになった。イギリス本国は、この政策により植民地の商工業の発展をおさえようとして、(a)フレンチ=インディアン戦争の終結後に財政難を理由に植民地の支配強化をはかった。それに対し植民地側の不満は高まり、印紙法に対しては、「［(i)］」という主張がとなえられた。さらに1773年の茶法に対する住民の反発が［(ii)］茶会事件に発展すると、植民地側の本国に対する反抗運動はますますさかんになり、イギリスは［(ii)］港を閉鎖するなどの強硬な姿勢をとった。

植民地側は大陸会議を開いて本国に抗議したが、1775年に(b)独立戦争が勃発した。植民地側は［(iii)］を植民地軍総司令官として戦い、1776年7月4日、13の植民地は［(iv)］で(c)独立宣言を発表した。

独立軍は当初苦戦を強いられたが、イギリスと対立していた(d)フランスやスペインが参戦し、北欧諸国が(e)武装中立同盟を結成すると、次第に優勢へと転じた。そしてヨークタウンの戦いを最後にイギリスは敗れ、独立戦争は終結した。この結果を受けてイギリスは、1783年の［(v)］でアメリカ合衆国の独立を承認した。

問A　上の文章中の［(i)］～［(v)］にはいる適当な語句を、下のそれぞれ①～④のうちから一つずつ選びなさい。

31 ［(i)］
① 君主は国家第一の僕　② 王は君臨すれども統治せず
③ 都市の空気は自由にする　④ 代表なくして課税なし

32 ［(ii)］
① リヴァプール　② ロンドン
③ ヴァージニア　④ ボストン

33 ［(iii)］
① ワシントン　② リンカン
③ ジョゼフ=チェンバレン　④ フランクリン=ローズヴェルト

34 ［(iv)］
① ニューヨーク　② ニューファンドランド
③ フィラデルフィア　④ ケベック

35 ［(v)］
① ユトレヒト条約　② パリ条約
③ ウェストファリア条約　④ ヴェルサイユ条約

問B　上の文章中の下線部分(a)〜(e)について、下の設問に答えなさい。

36　上の文章中の下線部分(a)のフレンチ＝インディアン戦争の結果、イギリスが獲得した領土として正しいものを、次の①〜④のうちから一つ選びなさい。

① ジブラルタルとミノルカ島　② ボスニアとヘルツェゴビナ
③ アカディアとハドソン湾地方　④ カナダとミシシッピ川以東のルイジアナ

37　上の文章中の下線部分(b)の独立戦争について述べた次の文A・Bの正誤の組合せとして最も適当なものを、①〜④のうちから一つ選びなさい。

A　独立戦争中に合衆国憲法が制定され、大統領が戦争を主導した。
B　レキシントンとコンコードでの武力衝突がきっかけとなった。

① A－正　B－正　② A－正　B－誤
③ A－誤　B－正　④ A－誤　B－誤

38　上の文章中の下線部分(c)の独立宣言について述べた次の文A・Bの正誤の組合せとして最も適当なものを、①〜④のうちから一つ選びなさい。

A　トマス＝ジェファソンらが起草した。
B　圧政への抵抗権を主張したロックの思想を参考にした。

① A－正　B－正　② A－正　B－誤
③ A－誤　B－正　④ A－誤　B－誤

39　上の文章中の下線部分(d)の18世紀のフランスに関して述べた文として誤っているものを、次の①〜④のうちから一つ選びなさい。

① プラッシーの戦いでイギリスに敗れた。
② スペイン継承戦争を戦い、ブルボン家のスペイン王位継承を認めさせた。
③ パリ市民によってバスティーユ牢獄が襲撃され、フランス革命が勃発した。
④ 東インド会社が設立され、アジア貿易が活発となった。

40　上の文章中の下線部分(e)について、この同盟の結成を提唱した人物を、次の①〜④のうちから一つ選びなさい。

① エカチェリーナ２世　② ナポレオン１世
③ チャールズ１世　④ ピョートル１世

数　学

（60 分）

受験についての注意

1. 分数形で解答が求められているときは、既約分数で答えて下さい。（例：$\frac{9}{6}=\frac{3}{2}$とする）
2. 根号の中はできるだけ小さな自然数にして答えて下さい。（例：$\sqrt{8}=2\sqrt{2}$とする）
3. 円周率はπで表して下さい。

解答用紙について：すべての設問に「解き方」と「解答」を記入する欄がある。

【問題 1 】

次の問いに答えよ。

⑴　$(5x+x^2-1)(x^2+5x+2)$ を展開せよ。

⑵　$(x+y-3)(x+y+4)+6$ を因数分解せよ。

⑶　$\sqrt{2}+1$ の整数部分を a、小数部分を b とするとき、$a+\frac{4}{b}$の値を求めよ。

⑷　次の連立不等式を解け。

$$\begin{cases} 2x-3>4x+1 \\ 4(x+1)<3x+1 \end{cases}$$

⑸　次の方程式を解け。

$|x-10|=2$

【問題２】

２次関数$f(x)=-x^2+bx+c$のグラフが、点（１，４）を頂点とする放物線であるとき、次の問いに答えよ。

(1)　定数b、cの値を求めよ。

(2)　$f(x)$ のグラフとx軸との共有点のx座標を求めよ（共有点は２つある）。

(3)　$f(x)$ のグラフとy軸との交点と$f(x)$ のグラフの頂点を結ぶ直線の式を求めよ。

(4)　$0 \leqq x \leqq 4$における$f(x)$ の最大値、最小値とそのときのxの値を求めよ。

【問題３】

円に内接する四角形ABCDがある。AB＝3、BC＝4、AD＝4、∠ABC＝120°のとき、次の値を求めよ。

(1)　対角線ACの長さ

(2)　辺CDの長さ

(3)　四角形ABCDの面積S

【問題４】

高校生 120 人に好きなスポーツについて調査したところ、その結果は以下のとおりであった。

・野球が好きと答えた生徒は 45 人

・サッカーが好きと答えた生徒は 40 人

・ラグビーが好きと答えた生徒は 33 人

・野球もサッカーも好きと答えた生徒は 20 人

・野球もラグビーも好きと答えた生徒は 14 人

・サッカーもラグビーも好きと答えた生徒は 10 人

・野球もサッカーもラグビーも好きと答えた生徒は４人

このとき、次の問いに答えよ。

⑴　野球は好きだが、サッカーは好きではないという生徒は何人か求めよ。

⑵　ラグビーは好きだが、野球は好きではないという生徒は何人か求めよ。

⑶　野球、サッカー、ラグビーのいずれかが好きな生徒は何人か求めよ。

⑷　野球、サッカー、ラグビーのいずれも好きではない生徒は何人か求めよ。また、それは調査した生徒の何％にあたるか求めよ。

① 日本の庭において、垣や塀は庭の景観の一部であり、庭の内と外をつなぐという重要な役割がある。
② 庭づくりにおいて人は、最初は木を植えることを大切にするが、そのうち作為のない庭に魅力を感じるようになる。
③ 大自然は人間の力が及ばないものであり、科学技術が発達したとしても人間が管理できるものではない。
④ 手数をつくした人工の庭に大自然や中自然をとりいれることによって、日本の庭は自然全体を内包することになった。
⑤ 円通寺の庭は人の手を加えていない雑木雑草庭であるため、小さな生物などの思いがけない発見がある。

〔問十四〕　傍線――部(8)「中自然をすべて小自然化しようとする」の内容としてもっともふさわしいものを、次の①～⑤の中から一つ選びなさい。

① ひとりで勝手に生きているものに、おもいやりのことばを投げかける心の余裕を持とうとすること。

② 日本が侘《わ》びの文化を継承しているのに対して、西洋ではルネッサンスを継承しようとしていること。

③ 日本人が中自然を大切にしてきたのに対して、西洋人は人間を大切しようとしているということ。

④ 人間とは関係なく生きているものを、人間の考える調和の取れたシステムに組み入れようとすること。

⑤ 人間の世話を必要としない雄大な自然を、安全に楽しむことができるようにしようとすること。

〔問十五〕　傍線――部(9)「機軸」の意味としてもっともふさわしいものを、次の①～⑤の中から一つ選びなさい。

①　長所　②　短所　③　中心　④　始まり　⑤　きっかけ

〔問十六〕　筆者の考えとしてふさわしくないものを、次の①～⑤の中から一つ選びなさい。

〔問十二〕　空欄 D に入る小林一茶の俳句を、次の①～⑤の中から一つ選びなさい。

① 雀《すずめ》の子そこのけそこのけお馬が通る
② 我と来て遊べや親のない雀
③ 蝿《はえ》一つ打ってはなむあみだぶつかな
④ やせ蛙負けるな一茶これにあり
⑤ 名月を取ってくれろと泣く子かな

〔問十三〕　傍線――部(7)「中自然回帰」の内容としてもっともふさわしいものを、次の①～⑤の中から一つ選びなさい。

① 人間にとって必要な小自然を中自然に変えることによって、本来の自然を取りもどすということ。
② 人間が破壊してきた中自然をもとの姿に戻し、管理しやすい環境に作り直すということ。
③ 人間と、人間とは他人の関係にある中自然が共存していたころに戻ろうとしているということ。
④ 人間が大自然を変えることはできないが、中自然を変えることで環境改善が図れるということ。
⑤ 人間だけでなく、中自然の生き物であるアリや雑草を大切にすることで環境が豊かになるということ。

〔問十〕　空欄 C に入るもっともふさわしい文を、次の①～⑤の中から一つ選びなさい。

① 人工的な庭より野のほうがすばらしい
② 人工的な庭より借景庭のほうがすばらしい
③ 自然の庭より借景庭のほうがすばらしい
④ 自然の庭より人工的な庭のほうがすばらしい
⑤ 自然の庭に驚きを加えることのほうがすばらしい

〔問十一〕　傍線――部(6)「小自然」に対する筆者の考えとしてもっともふさわしいものを、次の①～⑤の中から一つ選びなさい。

① 「小自然」とは、すべて人間がやしなっているものであり、自分では生きることのできない不完全なものである。
② 「小自然」とは、人間の手をはなれては存在できないものであり、人間の心をいやすかけがえのないものである。
③ 「小自然」とは、人間が自らの心をいやすためにつくりだしたものであり、人によって異なるものである。
④ 「小自然」とは、自然のない都会の中に自然をとりいれるため、人間がつくりだした小さな動植物の世界である。
⑤ 「小自然」とは、人間が世話をしている動植物であり、自分では生きていけないことから本来の自然とは言えない。

①　庭の狭さ　②　庭の汚さ　③　庭の魅力　④　庭の乱雑さ　⑤　庭の複雑さ

〔問八〕　傍線——部(4)の俳句に使われている修辞を、次の①〜⑤の中から一つ選びなさい。

①　枕詞　②　掛詞　③　切れ字　④　倒置法　⑤　反復法

〔問九〕　傍線——部(5)「室生犀星」の作品を、次の①〜⑤の中から一つ選びなさい。

①　抒情小曲集
②　智恵子抄
③　若菜集
④　邪宗門
⑤　月に吠える

① しかし　② つまりは　③ もし　④ なぜなら　⑤ あるいは
⑥ したがって　⑦ さらに　⑧ まったく　⑨ まずは　⑩ たとえば

〔問五〕 傍線――部(3)「断絶」と同じ成り立ちの熟語を、次の①～⑤の中から一つ選びなさい。

① 公園　② 干満　③ 造語　④ 樹木　⑤ 断崖

〔問六〕 太線――部㈠～㈢の漢字を、次の①～⑤の中からそれぞれ一つずつ選びなさい。

㈠ ヨウイ　① 用　② 要　③ 様　④ 揚　⑤ 容
㈡ バイカイ　① 解　② 回　③ 開　④ 介　⑤ 会
㈢ ブショウ　① 消　② 省　③ 性　④ 承　⑤ 精

〔問七〕 空欄 B に入るもっともふさわしい言葉を、次の①～⑤の中から一つ選びなさい。

① 驚きであっけにとられている様子。
② 美しさにうっとりしている様子。
③ すばらしい技に感心している様子。
④ 感動して興奮している様子。
⑤ 突然のことに驚いている様子。

〔問三〕 空欄 A に入るもっともふさわしい文を、次の①～⑤の中から一つ選びなさい。

① 庭の景物として細やかなものを配置し、丁寧な庭づくりを見せている
② 庭の景物だけでなしに外部世界の風物をもとりいれて一場の眺めとしている
③ 庭の景物をできるだけ小さくして、外部世界の風物をより大きく見せている
④ 庭の景物だけでは物足りないため、外部世界の風物をとりいれている
⑤ 庭の景物に歴史を感じさせるものを置き、外部世界との時間の隔たりを感じさせている

〔問四〕 空欄（ア）～（エ）に入るもっともふさわしい言葉を、次の①～⑩の中からそれぞれ一つずつ選びなさい。

モスという秩序世界にすべてをくみいれようとする。それが西洋文明の機軸(9)になった思想、つまり「人間中心主義」だ。ルネッサンスなどはその最たるものである。

（上田篤『庭と日本人』より。文中省略あり。）

〔問一〕傍線――部(1)「紅葉のころなら夕暮の円通寺に案内することにしている」のように、筆者が述べる理由としてもっともふさわしいものを、次の①～⑤の中から一つ選びなさい。

① 円通寺が比叡山の中に建っている寺であるから。
② 円通寺は外国人建築家によく知られている寺であるから。
③ 円通寺は平安神宮と並ぶ立派な寺であるから。
④ 円通寺には筆者がもっとも美しいと感じる庭があるから。
⑤ 円通寺は庭の景色に庭外の山を取り入れているから。

〔問二〕傍線――部(2)「呆然《ぼうぜん》として」は、外国人建築家のどのような様子を表しているのか。もっともふさわしいものを、次の①～⑤の中から一つ選びなさい。

また中自然は他人だ。しばしば人間とテリトリーをうばいあう。人間は林を伐採し、池をうめたて、鳥やタヌキなどのすみかをつぶし、野を道路や宅地にかえて虫たちをおいだす。人間の歴史はそういった中自然世界の「破壊の歴史」といっていい。

そしておおくの人間は、都市のコンクリート・マンションのなかで「自然がない」といってテーブルに花をかざり、植木鉢に水をやり、イヌやネコをかわいがり、しばし心をいやす。いわば「ペット」や「奴隷」のような小自然が人間にとってのかけがえのない自然なのである。

といっても、わたしはべつに小自然を攻撃しているのでも、否定しているのでもない。それは人間にとって必要なものである。問題は中自然をないがしろにすることだ。

そこでもっと中自然をみなおすことをかんがえたい。一生懸命地面ではたらいているアリたちに、コンクリートの割れ目からたくましく芽をふきだす雑草などに「おたがいこのすみにくい世によくぞ生きているなあ」というおもいやりをなげかける心の余裕をもちたい。たとえそのあとすぐにアリをつぶし、雑草をひきぬかなければならないとしても、である。自然のよき理解者であるさきの一茶もいっている。

D　（『七番日記』）

このごろの日本人の自然にたいする関心の高まり、すなわち里山や鎮守の森、あるいはコンクリート護岸化されていないような「里川」や「里海」にたいする注目は、そういったいわば(7)「中自然回帰」をしめすものではないか？

しかし、いっぱんに西洋人は中自然をみとめたがらない。

かれらは(8)中自然をすべて小自然化しようとする。中自然のカオスともみられる混沌《こんとん》世界をこのまず、人間のつくったコスそれはさきにのべたように、計画されたものとちがって雑木雑草庭にはおもいがけない発見があるからだ。それもたいてい小さな生物の発見である。小さな生物が一生懸命生きている姿をみつけて人は感動する。

それはいいかえると「中自然」というものの発見といっていい。中自然とはわたしの造語だが、それはこういうことだ。自然のうちの大自然は、北極や砂漠、高山や大海といった、おいそれとは人間がちかよれぬ、また人間の力のおよばぬ世界である。竜巻や台風、地震や火山といった自然現象もこれにはいる。そういう世界に身をおいたとき、これだけ科学技術が発達していても人間はそれら大自然の威力のまえにはただ小さくなるだけだ。それは人間に立ちはだかる「神のような自然」である。

いっぽう(6)小自然は、植木鉢の花、金魚鉢のキンギョ、鳥籠の鳥である。イヌやネコも、ウシやウマも、動物園のライオンやゾウも、田畑の作物や公園の草木も、山のスギ林などもみなこれにはいる。つまりそれらはどんなに大きくても人間がやしなっているものだ。人間の手をはなれては生きていけないものである。いわば人間のためのペット、あるいは「奴隷のような自然」なのだ。

この世界には、しかしこの大自然でも小自然でもないものがいっぱいある。空とぶ鳥、木になくセミ、地をはう虫、川をおよぐ魚、山にすむイノシシ、それに野の雑草、丘の雑木林、深山の原生林などなどである。それらはどんなに小さくても、またかよわくても、人間が飼っているものではない。人間の世話にはなっていない。ひとりで勝手に生きているものたちである。人間にとってはいわば「他人のような自然」だ。それをわたしは中自然とよぶ。

とすると、わたしたちがふつう自然というとき、このうちのどの自然をさすのか？

（　エ　）大自然は神のようにおそろしく、日常あまりしたしい存在ではない。

なく築山をつくったり池をほったりする人工的なこと自体に飽きがくる、というのだ。

むしろ庭には木や草をかってに生やし、石も適当にころがしておいて、ときおり庭にでてみるとおもいがけない草花や虫などを発見してびっくりすることのほうがたのしくなる。「築山泉水庭より雑木雑草庭」というわけだ。「［ C ］」というのである。

ただそのばあい、草や木にはあまり手をいれないが垣だけはしっかりしたものにする。垣さえととのっていれば庭のなかは少々乱雑でもみていて安心だ。その垣を㈡バイカイにして庭の草木と外界の景観とが一体になった風景、つまり「借景の庭」をつくることもできる。「しっかりした垣と雑木雑草が究極の庭づくり」というわけだ。

そういう思想を円通寺の庭は実践している。

とはいっても、円通寺の庭はかならずしも雑木雑草庭ではない。円通寺にかぎらず、おおくの茶庭なども雑木雑草庭というよりは「侘《わ》びの庭」である。㈢ブショウをしているのではなく、いろいろ手数をかけている。利休もつぎのようにいっている。

侘びといふてむさきさまにしなす人あり、侘びはせめて物事きれいにしてこそよけれ（『杉木普斎伝書』）

じっさい円通寺の庭は、ところどころ地肌がみえるような自然な苔庭に、わずかに石組と刈込をおいたものだ。ただそれをとりまく生垣は何十種類という灌木をあつめて刈りこんだ「雑垣」である。だから季節季節にいろいろの花がさく。人はおもいがけないときにおもいがけない花をみつけてよろこぶ。

円通寺の庭は、雑木雑草にくわえて「雑垣の庭」といっていいだろう。

しかしそれにしてもなぜ雑木雑草庭がいいのか？　なぜ雑垣の庭がいいのだろう？

（　イ　）ヨーロッパには山というものがすくないから、山もあまり関心をひかない。

したがって「庭内の樹林と庭外の山などをあわせて一幅の絵にする」というような発想はなかなかおきてこないのである。

その結果、ここに庭の構成要素のなかの「垣」というものにたいする東西の認識の差があらわれてくる。

というのは、ヨーロッパの庭の垣や塀は、たいてい外の世界と内の世界とを(3)断絶する「壁」でしかない。垣のなかには鉄柵というものもあるが、それらは(一)ヨウイにのりこえられないように高くしてあるか、あるいはしばしば鋭い剣先が天をむいて見る人をドキリとさせる。

ところが日本では、しばしば灌木で生垣をつくるだけでなく、塀なども板塀やブロック塀などでなく築《つい》地《じ》塀《べい》のようにりっぱにしている。とくに借景庭園のばあいには庭の内と外の景観をつないで一つの風景にする、という大切な役割をもたせ、それによって [B] などの解消にも役だたせている。つまり「借景垣」だ。

（　ウ　）垣や塀は日本の庭づくりにおいては景観の一部を構成するもので、たいへん重要なものである。江戸後期の俳人の小林一茶もそういう美を見逃さなかった。

(4)冬枯れや垣に結ひこむ筑波山（「七番日記」）

この庭における垣の重要さを指摘したのは文学者の(5)室生犀星であった。

かれは「庭づくりをはじめた人は最初のうちは木にこる」という。いろいろな木をうえて一時の満足をおぼえるが、しかしそのうちに兼好法師もいう「庭に木のおおいのは賤《いや》しげなるもの」（『徒然草』）ということに気づき「よその庭とくらべてみても、あつくるしくむさくるしい」とおもいはじめるようになる。

そこでつぎに石にこる。いろいろな石をとりよせて「ああでもない、こうでもない」と庭にならべるが、やがて石だけでいていの外国人は肝をつぶす。

いっぽう京都の北、幡枝《はたえだ》にある秋の円通寺は紅葉がうつくしい。しかしそのボリュームは平安神宮の桜の何百分の一にもおよばない。

ところがここには、もう一つべつのものがある。比叡山だ。円通寺の東をむいた客殿の縁にすわると、庭の真正面の深紅の紅葉のあいだから比叡山が聳然《しょうぜん》と姿をあらわす。とりわけ秋の夕暮は西日にはえていっそう美しい。それをみたほとんどの外国人建築家は、(2)呆然《ぼうぜん》として声もでない。

円通寺の庭は「借景庭園」としてしられる。

けっして大きい庭ではないが、庭一面が苔《こけ》、石でおおわれ、紅葉の木立があり、生垣のむこうには竹藪《たけやぶ》や灌木《かんぼく》がおいしげっていて、さらにそのさきに比叡山がみえる。つまり［　A　］。

もちろんヨーロッパにだって宮殿からのすばらしい眺めなどはいっぱいある。（　ア　）それらはたいてい一望千里のパノラミックな景観だ。円通寺のように生垣や紅葉をはじめとする木立に切りとられて絵のようにみせる、というようなものをほとんどしらない。

というのも、ヨーロッパ人はいっぱんに樹木にたいする関心がうすいからだろう。明治に日本にきて、古きよき日本文化を再発見したラフカディオ・ハーンも日本の木立の美しさを絶賛し「それは日本人が木々を愛しているからだ」という（『神々の国の首都』）。

たしかに欧米人の植物にたいする関心のほとんどは花である。樹木のたたずまいや生垣・刈込のデザインなどといったものにはあまり興味をしめさない。

②　大統領選に敗れたことを認めず、支持者に国会議事堂襲撃を促しており、法の支配という概念を全く理解していない。

③　現代において「自由」を代表する人物であり、支持者に議会の襲撃を指示するなど、何でも好き勝手に行おうとしている。

④　自己責任を主張している点、そして国民皆保険制度と社会福祉制度に反対している点で、リバタリアンの二大特徴を備えている。

⑤　日本人の感覚からすると理解しにくいが、アメリカという国の成立事情を反映した生き方をしているからこそ、大勢の熱烈な支持者がいる。

【二】　次の文章を読んで、後の問いに答えなさい。

わたしのところに、ときどき外国人の建築家がたずねてくる。そのおり「せっかく京都にきたのだから」と、どこかに案内しなければならないことがしばしばおきるが、そういうときは、桜のころなら夜の平安神宮に、(1)紅葉のころなら夕暮の円通寺に案内することにしている。

平安神宮の西神苑の白虎池や東神苑の栖鳳《せいほう》池のまわりの桜がさくときは、それらが池にうつりこんでそれこそ圧巻だ。た

⑤　日本とは異なり、アメリカには召集令状が存在しないから。

〔問十五〕　傍線――部(8)「納税拒否」をリバタリアンが行う理由としてもっともふさわしいものを、次の①～⑤の中から一つ選びなさい。

①　私財を公共的に用いることに反対しているから。
②　自分自身の財産は、自分や家族のためだけに使いたいから。
③　アメリカでは税金を使わなくても、寄付の文化が根付いているから。
④　自分自身の財産の使い方について、政府から命令されたくないから。
⑤　自己責任を重んじ、裕福であるため、税金を使った社会福祉制度に頼らなくて済むから。

〔問十六〕　傍線――部(9)「ドナルド・トランプ」についての筆者の考えとしてもっともふさわしいものを、次の①～⑤の中から一つ選びなさい。

①　大富豪ではあるが連邦税をほとんど払わず、４回徴兵されても逃れるなど、利己的で勇気のない人物である。

惑しているだろう。

〔問十三〕　空欄 C に入るもっともふさわしい言葉を、次の①～⑤の中から一つ選びなさい。

①　州兵が動員されて鎮圧した

②　アメリカではこれが常識である

③　アメリカの暴力性を証明している

④　本人たちは人の目など気にしていなかった

⑤　原理的にはアメリカの統治理念を実践している

〔問十四〕　傍線——部(7)「徴兵拒否」をリバタリアンが行う理由としてもっともふさわしいものを、次の①～⑤の中から一つ選びなさい。

①　政治論争には積極的だが、戦場で自分を危険にさらすのは嫌だから。

②　市民を戦争に参加させる決定権は、政府にはないと考えているから。

③　平和主義の心情に基づき、いかなる場合でも武器の使用を拒否しているから。

④　戦闘は市民が行うものではなく、常備軍に任せればよいと考えているから。

d　路頭に迷って

①　道端に座り込んで　　②　進むべき道が分からなくなって
③　生活に困って　　④　正常な判断力を失って
⑤　将来が見通せなくなって

〔問十二〕　傍線——部(6)「大きな矛盾」に対する筆者の考えとしてもっともふさわしいものを、次の①～⑤の中から一つ選びなさい。

①　統治原理に大きな矛盾があり、市民の武装を止められないため、銃規制が進まず犠牲者をなくすことができないでいる。
②　統治原理に矛盾があるため葛藤に苦しむことから逃れられないが、それが逆に失敗しても復元できる強さの源となっている。
③　平和を願っていながら市民の武装を認めるという深刻な矛盾は、その元となっている憲法を改正しなければ解消されない。
④　国の統治原理に含まれた矛盾は、アメリカの軍事的実力の本質であり、日本人にはなかなか理解の及ばないことである。
⑤　この矛盾ゆえに、連邦議会にトランプ派が乱入するという常識外れの事件が起きてしまったので、アメリカ人は困

〔問十二〕 波線〰〰部a～dの言い換えとしてもっともふさわしいものを、次の①～⑤の中からそれぞれ一つずつ選びなさい。

a 歴然とした

① まぎれもない　② 古くからある
③ 厳格な　④ どうしようもない
⑤ 当たり前の

b 一枚岩の

① 巨大な　② 不動の
③ 原理的な　④ 大きく広がった
⑤ 一つにまとまった

c 一概に

① 必ずしも　② だいたい
③ かたくなに　④ 無理やり
⑤ 概念的に

(い) 第15項には「連邦の法律を執行し、反乱を鎮圧し、侵略を撃退する」のがミリシアすなわち武装した市民であると明記されています。

(ろ) でも、そのための歳出は2年を越えてはならない。

(は) 常備軍は持たない。

(に) 憲法第1条8節は連邦議会の権限を規定した条項ですけれども、その12項には、議会は「陸軍を召集し、維持する」権限を持つと規定しています。

(ほ) それがアメリカの憲法の規定なのです。

(へ) つまり、陸軍は議会が必要と思った時に召集するものであって、必要な戦闘が終了したら、年度内に解散して、兵たちは市民生活に戻る。

① (に) (い) (ろ) (は) (ほ) (へ)
② (に) (ろ) (へ) (は) (ほ) (い)
③ (い) (ろ) (に) (へ) (は) (ほ)
④ (ほ) (い) (ろ) (は) (に) (へ)
⑤ (は) (ほ) (へ) (い) (ろ) (に)

② 抵抗権や革命権ではなく、信教や言論出版の自由と並ぶ自由権として認められるようになった。
③ 政府に対する請願権が省かれ、市民が平和裏に結集することしか認められなくなった。
④ 暴力的に政府を倒す権利が、政府に対して不満を平穏に願い出る権利になった。
⑤ 市民が結集して政府に対して不満を訴えることが、明確に認められるようになった。

〔問九〕 傍線――部⑸「それ」が指す内容としてもっともふさわしいものを、次の①～⑤の中から一つ選びなさい。

① 合衆国建国
② 手離すわけにはいかないこと
③ 武装した市民こそが軍の正当なあり方であるということ
④ 英国軍に対して植民地軍が勝ったこと
⑤ 王の私兵であることが合衆国建国の基礎にあること

〔問十〕 実線囲み部 X は、以下の(い)(ろ)(は)(に)(ほ)(へ)の六つの文から成る段落です。これらの文の順番として正しいものを、次の①～⑤の中から一つ選びなさい。

④　市民的自由を何よりも重んじる人々が、憲法などそもそも作成する必要はないと主張したから。

⑤　英国からの独立を正当化した革命権を憲法で国民に認めると、合衆国の安定性が揺らぐから。

〔問七〕　空欄 B に入るもっともふさわしい言葉を、次の①～⑤の中から一つ選びなさい。

①　整合性がとれるようになる

②　論理的には問題ない

③　論理的に不整合になる

④　感情的に許されない

⑤　感情的な反発を招く

〔問八〕　傍線――部(4)「ここまで薄められることになった」の意味としてもっともふさわしいものを、次の①～⑤の中から一つ選びなさい。

①　憲法の本文ではなく、もっと軽い意味しか持たない付属条項として、修正第一条に記された。

③ 植民地だったアメリカが、英国から独立して主権国家を立ち上げた正当性を基礎づけている。

④ 自分たちの権利を損なうような政府を、市民が暴力的に倒してもよいと認めている。

⑤ 同じように建国に関わるとはいえ、合衆国憲法とは文面が異なる。

〔問五〕 太線——部㈠・㈡の漢字を、次の①～⑤の中からそれぞれ一つずつ選びなさい。

㈠ ソガイ　① 阻　② 狙　③ 訴　④ 疎　⑤ 措

㈡ キシャク　① 借　② 惜　③ 酌　④ 釈　⑤ 赤

〔問六〕 傍線——部⑶「10年以上議論が続いた」理由としてもっともふさわしいものを、次の①～⑤の中から一つ選びなさい。

① 国民に武装権を認めると、暴力事件が頻発すると恐れた人々が少なくなかったから。

② 武装権、抵抗権、革命権を全く認めない人々が、憲法の作成者の中に大勢いたから。

③ 憲法は国の根幹であるため、細部にわたり慎重に議論する必要があったから。

③　議事堂に乱入した人たちは、自分たちが違法行為をしているとは思っていなかったから。

④　議事堂への突撃と、スマホでの自撮りという二つの行為が非常に対照的だったから。

⑤　大統領が選挙に負けた後、連邦議会議事堂に乱入するよう支持者を煽《あお》ったから。

〔問三〕　空欄（　ア　）～（　ウ　）に入るもっともふさわしい言葉を、次の①～⑩の中からそれぞれ一つずつ選びなさい。

①　たとえば　②　まるで　③　さながら　④　あたかも　⑤　いわば

⑥　しかし　⑦　まず　⑧　むしろ　⑨　なにしろ　⑩　もちろん

〔問四〕　傍線――部(2)「アメリカ合衆国の独立宣言」の筆者による説明として正しくないものを、次の①～⑤の中から一つ選びなさい。

①　合意がなかなか得られなかったため、合衆国憲法の制定から11年たってから成立した。

②　市民の武装権、抵抗権、革命権を認めている。

は自己責任である。そう言い切る。だから、リバタリアンは国民皆保険制度にも、社会福祉制度にも激しく反対します。

(9)ドナルド・トランプは、このリバタリアンの二大特徴を備えた人です。トランプは4回徴兵されて、逃れています。でも、彼の徴兵拒否は卑怯ゆえでも、反戦思想ゆえでもたぶんない。彼はリバタリアンですから、徴兵拒否するのが当然なのです。

2016年の大統領選の際、新聞がトランプは大富豪であるという触れ込みなのに連邦税をほとんど払っていなかったという事実を報道しました。その時、彼は「すべてのアメリカ人はいかに税金を払わないか工夫している。私はスマートなので、それに成功したのだ」と豪語して支持者から拍手喝采を受けました。

（内田樹、ウスビ・サコ、『君たちのための自由論　ゲリラ的な学びのすすめ』より。文中省略あり。）

〔問一〕　空欄 A に入るもっともふさわしい言葉を、次の①～⑤の中から一つ選びなさい。

①　寿《ことほ》いだ　②　孕《はら》んだ　③　矛盾した　④　蔑《ないがし》ろにした　⑤　宣言した

〔問二〕　傍線――部(1)「映像を見て驚いた」理由としてもっともふさわしいものを、次の①～⑤の中から一つ選びなさい。

①　議事堂に乱入した人たちが、悠長にスマホで自撮りをしていたから。

②　議事堂に乱入する場面の動画や写真を、わざわざSNSに上げていたから。

じるというのは、自分がいつ、どういう目的のために死ぬのか、その決定権を政府に委ねるということです。リバタリアンは自分の死に方は自分で決めるという考え方をします。ですから、徴兵を拒否する人を一概に卑怯《ひきょう》だとか、平和主義者であるとかいうことはできない。リバタリアンはいつ、どういう仕方で「反乱を鎮圧し、侵略を撃退する」のかは、自分で決めると主張しているからです。必要があると自分で判断すれば、ただちに銃を取って、市民生活に別れを告げて、戦いに赴く。だが、それがいつ、どういう場合であるかは自分で決める。他人には指示されない。

アメリカ人の大好きなストーリーに「アラモ」の物語があります。テキサス独立のためにアラモの砦《とりで》でメキシコ軍を相手に勇戦して死んだデイビー・クロケット大佐もジム・ボウイ大佐も典型的なアメリカン・ヒーローですが、彼らは誰に命令されたわけでも要請されたわけでもなく、自分の意思で戦地に向かって「侵略を撃退する」ために戦って死にます。そういう戦い方のほうが、徴兵されて、命令に従って戦死し、死に場所、死に方を自己決定できない死に方よりも「アメリカ人らしい」という考え方がアメリカには深く根付いている。日本人の考える「軍隊」や「兵士」についての概念ではなかなか理解が及びませんが、これがリバタリアンです。

もうひとつの「税金を払わない」というのもリバタリアンの特徴です。私財をどう使うかは自分で決める。自分の金の使い方について公権力に関与されたくない。だから税金は払わない。でも、それは、「私財は私的目的のためだけに使う」という意味ではありません。アメリカは寄附の文化が広く根付いていますけれど、これは「私財を公共的に用いる」ということです。そういうお金の使い方をする人がたくさんいる。私財をどう公共的に使うかは私が自分で決める。何が「公共の福祉」であるかは自分で決める。政治家や役人に決めてもらう必要はない。そういう考え方です。リバタリアンは納税をしない代わりに自分がどんなに経済的に困窮して路頭に迷っても公的支援は求めないと宣言します。路頭で野垂れ死にしても、それいた。だから、平気でSNSに動画を上げた。

つまり、アメリカの統治原理そのもののうちには(6)大きな矛盾が含まれているということです。武装する市民こそはアメリカの軍事的実力の本質であり、市民は自分たちの市民的自由を制約する政府に対して実力を以《もっ》て「請願する」権利がある。トランプ派の行動はずいぶんと常識を踏み外したものではありますけれど、［　C　］。これは僕たち日本人にはなかなか理解の及ばないことです。

でもその矛盾がアメリカの活力の源にもなっているのだと僕は思います。国も市民社会も個人も、簡単には解決のつかない葛藤を抱えているほうが成熟する。国の場合でしたら、すっきりしたb一枚岩の統治原理が貫徹している国よりも、統治原理のうちに矛盾を孕《はら》んでいる国のほうが活気があるし、失敗した時にも復元力がある。

常備軍を持ってはいけないという憲法がありながら常備軍を持っていること、市民たちに政府を覆す権利を（原理的には）認めていること。この葛藤につねに苦しんでいることがアメリカという国の強さの秘密ではないかと僕は思っています。

ですから、現代において「自由」を代表する人物はドナルド・トランプだと僕は思っています。彼はさまざまの政治的無理難題をつねに「自由」の名の下に要求しています。ですから、トランプに理論的に反論することはとても難しい。

彼はリバタリアンです。リバタリアンとは個人の自由を最大限に尊重し、要求し、公権力の市民生活への介入を最小限にしようとする人たちです。リバタリアンのふるまいで際立っているのは、(7)「徴兵拒否」と(8)「納税拒否」です。「徴兵に応じない」というのは「常備軍を持たない」という発想と同根のものです。「反乱を鎮圧し、侵略を撃退する」のは武装した市民の本務です。銃を取って立ち上がるかどうかは市民一人ひとりの自己決定に委ねられています。召集令状が来たら従わないと「非国民」と罵られるというのが「ふつう」だと僕たち日本人は思っていますが、アメリカはそうではありません。徴兵に応に集会をする」権利があると修正第1条には書いてあります。「もろもろの不都合の除去」という場合の「不都合」とは何のことか、「除去」とはどういう手立てのことを指すのか、それはわかりません。そのために市民が結集することは許されていますが「平和裏に」という副詞がひとつ付いています。市民が集まって政府に向かって「非常に不都合を感じているから、どうにかしろ」と請願する権利はあるけれど、それは「平和裏に」行われなければならない。独立宣言にあった「抵抗権」「革命権」は、11年間の議論を経て(4)ここまで薄められることになったわけです。

その一方で、憲法修正第2条には「武装権」が残されました。アメリカの独立戦争における主力は義勇兵、武装した市民でした。一方、英国軍は国王の指揮下にある常備軍でした。王の私兵である英軍と武装した市民である植民地軍が戦って、武装した市民が勝利した。だから、武装した市民こそが軍の正統なあり方である、というのが合衆国建国の基礎にある「ストーリー」です。これだけは手離すわけにはいかない。(5)それがアメリカでいまだに銃規制が進まない最大の理由です。

ほとんどの人はご存じないと思いますけれど、アメリカ合衆国憲法は常備軍の保持を禁止しています。（　ウ　）今のアメリカは世界最大規模の常備軍を持っています。でも、これは厳密には憲法違反なのです。

X

1月6日の連邦議会のトランプ派の乱入を僕たち日本人は「暴徒が乱入した」というふうに理解しています。そして、「暴徒」を鎮圧するために「州兵」が動員されたという記事を読むと「州兵対暴徒」という(a)歴然とした差があるように思います。でも、州兵も「暴徒」もどちらも主観的には「武装せる市民」なのです。「平和裏に」という条件には違背したけれども、トランプ派の人々は「不都合の除去」のために「集会する」という憲法修正第1条の権利を行使した。主観的にはそう思って政府を廃絶する権利があると(2)アメリカ合衆国の独立宣言に明記してあるからです。

アメリカは独立戦争を戦って英国の植民地から主権国家になりました。ですから、市民には不当な政府の支配を否定する権利があるというのはアメリカ建国の基本にある考え方です。独立宣言には政府が市民たちの権利を損なうふるまいをした場合には、「人民には政府を改革し、あるいは廃絶し、新しい政府を立ち上げる権利がある」と明記してあります。市民たちの生命、自由、幸福追求の権利を(一)ソガイする政府は倒して構わない。アメリカの英国からの独立と合衆国建国の正当性を基礎づけるためには、市民の武装権、抵抗権、革命権を認める必要があったのです。

でも、独立宣言から合衆国憲法の制定までには11年のタイムラグがあります。それはこの市民の武装権、抵抗権、革命権を憲法に明記してもよいのか、それについて合意ができなかったからです。英国からの独立を正当化するためには「市民には革命権がある」という原則は不可欠です。（　イ　）、いざ国ができてしまうと、その根幹をなす憲法に「政府が不都合なら暴力的に倒す権利がアメリカ国民にはある」と堂々と書き込むわけにはいきません。そのせいで(3)10年以上議論が続いた。

一方に市民的自由を何よりも重んじる人たちがいます。彼らはまさに自分たちは生命、自由、幸福追求の権利を「自然権」として有するということを根拠に独立戦争を戦い、合衆国を建国したわけです。ですから、国ができたからと言って、この国に対しては市民は革命権を持つことができないというと［　B　］。でも、さすがに独立宣言の文言をそのまま憲法に書き込むわけにはいかない。そこで憲法本文ではなく、憲法修正第1条と第2条に自由を保障するという文言を書き込むことにしました。

憲法修正第1条は、「信教の自由、言論出版の自由、人民が政府に請願する権利」を保障しています。「請願」というのは「抵抗権」「革命権」のだいぶ(二)キシャクされた表現です。市民は政府に対して「もろもろの不都合の除去のために」、「平和裏

国語

（六〇分）

【一】　次の文章を読んで、後の問いに答えなさい。

僕たちは自由というのを端的に「よいもの」というふうに考えていますけれども、実は自由はなかなか取り扱いにくいものです。それを痛感させる出来事が最近ありました。それは、２０２１年1月6日のアメリカ連邦議会議事堂へのトランプ支持派の乱入事件です。

あのニュースを見て、アメリカは本当に深い国民的分断を［　Ａ　］国なのだなと思いました。日本で総理大臣が直前の選挙で多数派を制することができなかったのは「選挙が盗まれたからだ」と言って、支持者に向かって「これから国会議事堂に突撃！」と煽《あお》るなどということはまずあり得ませんよね。でも、アメリカではそれが起きた。

(1)映像を見て驚いたのが、議事堂に乱入した人たちが堂々と顔をさらしていて、スマホでパシャパシャ自撮りをしていたことです。その動画や写真をＳＮＳに上げていた。そういうことができるのは自分たちが違法行為をしていると思っていなかったからです。自分たちはふつうのアメリカ市民であり、議事堂への乱入は正当な市民権の行使であると思っていた。（　ア　）現役の大統領が「そうしろ」と言ったわけですから。非合法であるはずがない。市民には自分たちの市民的自由を制約する

解答編

英語

1 解答

(1)—④　(2)—①　(3)—②　(4)—②　(5)—③　(6)—②
(7)—③　(8)—④　(9)—④　(10)—②　(11)—③　(12)—③
(13)—②　(14)—④　(15)—③　(16)—②　(17)—②　(18)—④　(19)—②　(20)—④

2 解答

(21)—③　(22)—④　(23)—②　(24)—④　(25)—②

3 解答

(26)—⑥　(27)—②　(28)—③　(29)—①　(30)—④

4 解答 《ユディット＝ポルガーの軌跡》

(31)—②　(32)—①　(33)—④　(34)—①　(35)—③　(36)—②　(37)—①　(38)—④
(39)—②　(40)—①

5 解答 《ルービックキューブとその魅力》

(41)—②　(42)—③　(43)—④　(44)—③　(45)—①　(46)—②　(47)—③　(48)—④
(49)—②　(50)—①

日本史

1 解答 《飛鳥時代の政治》

1—③　2—①　3—③　4—①　5—③　6—②　7—④　8—③
9—③　10—①

2 解答 《鎌倉時代の政治・外交》

11—②　12—③　13—②　14—①　15—②　16—①　17—③　18—③
19—②　20—①

3 解答 《江戸時代前期の朝幕関係》

21—②　22—③　23—③　24—②　25—③　26—③　27—①　28—③
29—③　30—②

4 解答 《明治時代前期の政治・経済》

31—②　32—①　33—③　34—③　35—③　36—③　37—③　38—②
39—②　40—③

5 解答 《現代日本の経済・外交》

41—③　42—③　43—①　44—①　45—③　46—③　47—②　48—③
49—①　50—③

世界史

1 解答 《中国の歴史：殷～漢代》

1—①　2—④　3—②　4—④　5—①　6—①　7—②　8—③
9—③　10—①

2 解答 《東南アジア・インドの民族独立運動》

11—③　12—③　13—①　14—④　15—②

3 解答 《仏教・道教・儒教》

16—②　17—①　18—④　19—④　20—③

4 解答 《大航海時代》

21—②　22—④　23—④　24—③　25—①　26—①　27—③　28—④
29—①　30—③

5 解答 《アメリカ独立革命》

31—④　32—④　33—①　34—③　35—②　36—④　37—③　38—①
39—④　40—①

数学

1 解答 《式の展開，因数分解，無理数の計算，連立不等式，絶対値がついた1次方程式》

(1) $(5x+x^2-1)(x^2+5x+2)$

$=\{(x^2+5x)-1\}\{(x^2+5x)+2\}$

$=(x^2+5x)^2+(x^2+5x)-2$

$=(x^4+10x^3+25x^2)+(x^2+5x-2)$

$=x^4+10x^3+26x^2+5x-2$ ……(答)

(2) $(x+y-3)(x+y+4)+6$

$=\{(x+y)-3\}\{(x+y)+4\}+6$

$=(x+y)^2+(x+y)-12+6$

$=(x+y)^2+(x+y)-6$

$=(x+y+3)(x+y-2)$ ……(答)

(3) $1<\sqrt{2}<2$ より，$2<\sqrt{2}+1<3$ となるから

$a=2$，$b=\sqrt{2}+1-2=\sqrt{2}-1$

$\therefore$ $a+\dfrac{4}{b}=2+\dfrac{4}{\sqrt{2}-1}$

$=2+4(\sqrt{2}+1)$

$=6+4\sqrt{2}$ ……(答)

(4) $\begin{cases} 2x-3>4x+1 & \cdots\cdots① \\ 4(x+1)<3x+1 & \cdots\cdots② \end{cases}$

①より　$2x<-4$　$\therefore$　$x<-2$ ……①′

②より　$4x+4<3x+1$　$\therefore$　$x<-3$ ……②′

①′，②′より　$x<-3$ ……(答)

(5) $|x-10|=2$ より

$x-10=\pm 2$

$\therefore$　$x=8,\ 12$ ……(答)

2 解答 《2次関数の決定，x 軸との交点，直線，2次関数の最大値・最小値》

(1)　$y=f(x)$ とおく。

x^2 の係数が -1 で，頂点が $(1,\ 4)$ の放物線は

$$y=-(x-1)^2+4$$

すなわち

$$y=-x^2+2x+3$$

と表せるので

$b=2,\ c=3$　……(答)

(2)　$-(x-1)^2+4=0$ より　$(x-1)^2=4$

$\therefore\quad x-1=\pm 2$

よって　$x=-1,\ 3$　……(答)

(3)　2点 $(0,\ 3)$，$(1,\ 4)$ を通るので

傾き $\dfrac{4-3}{1-0}=1$ で，y 切片は 3

$\therefore\quad y=x+3$　……(答)

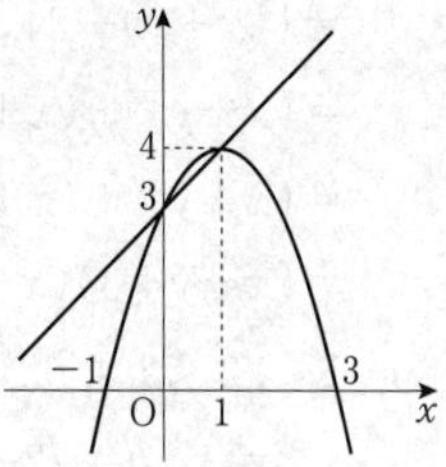

(4)　$0\leqq x\leqq 4$ における $y=f(x)$ のグラフは上に凸で，右図のようになるので

最大値 4　$(x=1)$　最小値 -5　$(x=4)$

……(答)

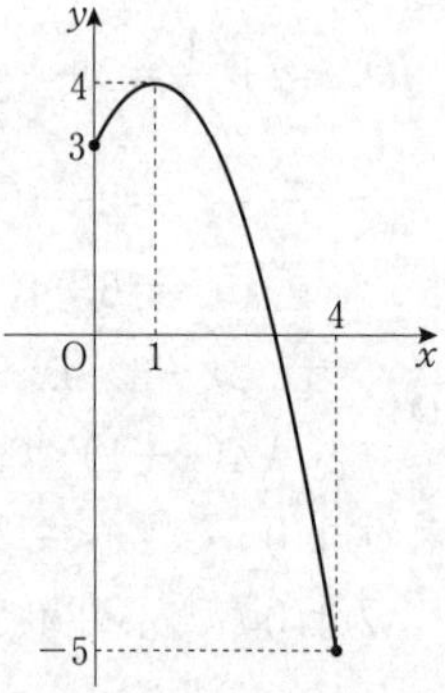

3 解答 《円に内接する四角形，余弦定理，三角形の面積》

(1)　余弦定理より

$$AC^2=3^2+4^2-2\cdot 3\cdot 4\cdot \cos 120^\circ$$

$=9+16+12$

$=37$

$AC>0$ だから　　$AC=\sqrt{37}$　……(答)

(2)　四角形 ABCD は円に内接するから

$\angle ABC+\angle ADC=180°$

よって，$\angle ADC=60°$ だから，$CD=x$ とおくと

余弦定理より　　$37=x^2+16-2\cdot x\cdot 4\cdot \cos 60°$

$\therefore\ \ x^2-4x-21=0$

$(x-7)(x+3)=0$

$x>0$ だから　　$x=7$

よって　　$CD=7$　……(答)

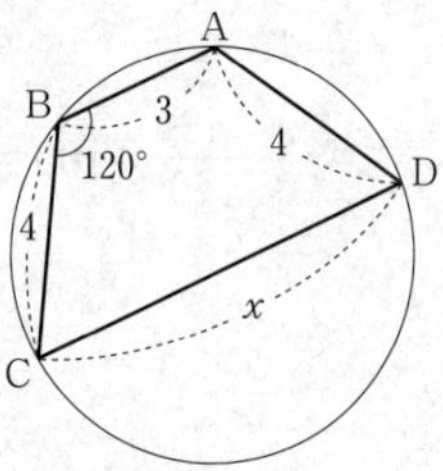

(3)　　$S=\triangle ABC+\triangle ADC$

$=\dfrac{1}{2}\cdot 3\cdot 4\cdot \sin 120°+\dfrac{1}{2}\cdot 4\cdot 7\cdot \sin 60°$

$=3\sqrt{3}+7\sqrt{3}=10\sqrt{3}$　……(答)

4 解答 《集合の包含関係》

高校生 120 人の集合を U。このうち，野球，サッカー，ラグビーが好きな生徒の集合をそれぞれ A，B，C とおくと，条件より

$n(A)=45$，$n(B)=40$，$n(C)=33$

$n(A\cap B)=20$，$n(C\cap A)=14$，

$n(B\cap C)=10$，$n(A\cap B\cap C)=4$

よって，右図のようなベン図ができあがる。

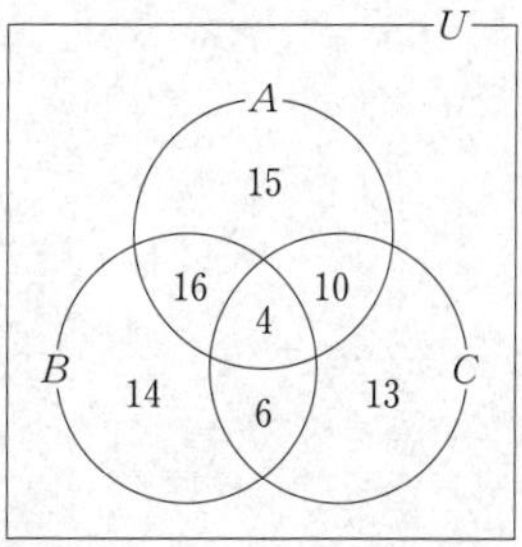

(1)　　$n(A\cap\overline{B})=n(A)-n(A\cap B)=45-20=25$

$\therefore$　25 人　……(答)

(2)　　$n(C\cap\overline{A})=n(C)-n(A\cap C)=33-14=19$

$\therefore$　19 人　……(答)

(3)　　$n(A\cup B\cup C)=n(A)+n(B)+n(C)$

$-n(A\cap B)-n(B\cap C)-n(C\cap A)+n(A\cap B\cap C)$

$$=45+40+33-20-10-14+4=78$$

$\therefore$ 78 人 ……(答)

(4) $n(\overline{A}\cap\overline{B}\cap\overline{C})=n(U)-n(A\cup B\cup C)=120-78=42$

$\therefore$ 42 人 ……(答)

また，$\dfrac{42}{120}\times100=35$ だから 35% ……(答)

問十六　⑤

問十五　④

問十六　⑤

二

出典　上田篤『庭と日本人』〈七　借景垣——野をいだく〉（新潮新書）

解答

問一　⑤

問二　①

問三　②

問四　ア—①　イ—⑦　ウ—⑥　エ—⑩

問五　④

問六　(一)—⑤　(二)—④　(三)—⑤

問七　①

問八　③

問九　①

問十　①

問十一　②

問十二　③

問十三　③

問十四　④

問十五　③

国語

一

出典　内田樹、ウスビ・サコ『君たちのための自由論――ゲリラ的な学びのすすめ』〈4章　自由にはある種の「毒」がある〉（中公新書ラクレ）

解答

問一　②
問二　③
問三　ア―⑨　イ―⑥　ウ―⑩
問四　①
問五　(一)―①　(二)―④
問六　⑤
問七　③
問八　④
問九　③
問十　②
問十一　a―①　b―⑤　c―①　d―③
問十二　②
問十三　⑤
問十四　②

//////////////////// · memo · ////////////////////

教学社 刊行一覧

2025年版 大学赤本シリーズ

国公立大学（都道府県順）

374大学556点
全都道府県を網羅

全国の書店で取り扱っています。店頭にない場合は，お取り寄せができます。

1 北海道大学(文系−前期日程)
2 北海道大学(理系−前期日程) 医
3 北海道大学(後期日程)
4 旭川医科大学(医学部〈医学科〉) 医
5 小樽商科大学
6 帯広畜産大学
7 北海道教育大学
8 室蘭工業大学／北見工業大学
9 釧路公立大学
10 公立千歳科学技術大学
11 公立はこだて未来大学 総推
12 札幌医科大学(医学部) 医
13 弘前大学 医
14 岩手大学
15 岩手県立大学・盛岡短期大学部・宮古短期大学部
16 東北大学(文系−前期日程)
17 東北大学(理系−前期日程) 医
18 東北大学(後期日程)
19 宮城教育大学
20 宮城大学
21 秋田大学 医
22 秋田県立大学
23 国際教養大学 総推
24 山形大学 医
25 福島大学
26 会津大学
27 福島県立医科大学(医・保健科学部) 医
28 茨城大学(文系)
29 茨城大学(理系)
30 筑波大学(推薦入試) 医 総推
31 筑波大学(文系−前期日程)
32 筑波大学(理系−前期日程) 医
33 筑波大学(後期日程)
34 宇都宮大学
35 群馬大学 医
36 群馬県立女子大学
37 高崎経済大学
38 前橋工科大学
39 埼玉大学(文系)
40 埼玉大学(理系)
41 千葉大学(文系−前期日程)
42 千葉大学(理系−前期日程) 医
43 千葉大学(後期日程) 医
44 東京大学(文科) DL
45 東京大学(理科) DL 医
46 お茶の水女子大学
47 電気通信大学
48 東京外国語大学 DL
49 東京海洋大学
50 東京科学大学(旧 東京工業大学)
51 東京科学大学(旧 東京医科歯科大学) 医
52 東京学芸大学
53 東京藝術大学
54 東京農工大学
55 一橋大学(前期日程)
56 一橋大学(後期日程)
57 東京都立大学(文系)
58 東京都立大学(理系)
59 横浜国立大学(文系)
60 横浜国立大学(理系)
61 横浜市立大学(国際教養・国際商・理・データサイエンス・医〈看護〉学部)
62 横浜市立大学(医学部〈医学科〉) 医
63 新潟大学(人文・教育〈文系〉・法・経済科・医〈看護〉・創生学部)
64 新潟大学(教育〈理系〉・理・医〈看護を除く〉・歯・工・農学部) 医
65 新潟県立大学
66 富山大学(文系)
67 富山大学(理系) 医
68 富山県立大学
69 金沢大学(文系)
70 金沢大学(理系) 医
71 福井大学(教育・医〈看護〉・工・国際地域学部)
72 福井大学(医学部〈医学科〉) 医
73 福井県立大学
74 山梨大学(教育・医〈看護〉・工・生命環境学部)
75 山梨大学(医学部〈医学科〉) 医
76 都留文科大学
77 信州大学(文系−前期日程)
78 信州大学(理系−前期日程) 医
79 信州大学(後期日程)
80 公立諏訪東京理科大学 総推
81 岐阜大学(前期日程) 医
82 岐阜大学(後期日程)
83 岐阜薬科大学
84 静岡大学(前期日程)
85 静岡大学(後期日程)
86 浜松医科大学(医学部〈医学科〉) 医
87 静岡県立大学
88 静岡文化芸術大学
89 名古屋大学(文系)
90 名古屋大学(理系) 医
91 愛知教育大学
92 名古屋工業大学
93 愛知県立大学
94 名古屋市立大学(経済・人文社会・芸術工・看護・総合生命理・データサイエンス学部)
95 名古屋市立大学(医学部〈医学科〉) 医
96 名古屋市立大学(薬学部)
97 三重大学(人文・教育・医〈看護〉学部)
98 三重大学(医〈医〉・工・生物資源学部) 医
99 滋賀大学
100 滋賀医科大学(医学部〈医学科〉) 医
101 滋賀県立大学
102 京都大学(文系)
103 京都大学(理系) 医
104 京都教育大学
105 京都工芸繊維大学
106 京都府立大学
107 京都府立医科大学(医学部〈医学科〉) 医
108 大阪大学(文系) DL
109 大阪大学(理系) 医
110 大阪教育大学
111 大阪公立大学(現代システム科学域〈文系〉・文・法・経済・商・看護・生活科〈居住環境・人間福祉〉学部−前期日程)
112 大阪公立大学(現代システム科学域〈理系〉・理・工・農・獣医・医・生活科〈食栄養〉学部−前期日程) 医
113 大阪公立大学(中期日程)
114 大阪公立大学(後期日程)
115 神戸大学(文系−前期日程)
116 神戸大学(理系−前期日程) 医
117 神戸大学(後期日程)
118 神戸市外国語大学 DL
119 兵庫県立大学(国際商経・社会情報科・看護学部)
120 兵庫県立大学(工・理・環境人間学部)
121 奈良教育大学／奈良県立大学
122 奈良女子大学
123 奈良県立医科大学(医学部〈医学科〉) 医
124 和歌山大学
125 和歌山県立医科大学(医・薬学部) 医
126 鳥取大学 医
127 公立鳥取環境大学
128 島根大学 医
129 岡山大学(文系)
130 岡山大学(理系) 医
131 岡山県立大学
132 広島大学(文系−前期日程)
133 広島大学(理系−前期日程) 医
134 広島大学(後期日程)
135 尾道市立大学 総推
136 県立広島大学
137 広島市立大学
138 福山市立大学 総推
139 山口大学(人文・教育〈文系〉・経済・医〈看護〉・国際総合科学部)
140 山口大学(教育〈理系〉・理・医〈看護を除く〉・工・農・共同獣医学部) 医
141 山陽小野田市立山口東京理科大学 総推
142 下関市立大学／山口県立大学
143 周南公立大学 新 総推
144 徳島大学 医
145 香川大学 医
146 愛媛大学 医
147 高知大学 医
148 高知工科大学
149 九州大学(文系−前期日程)
150 九州大学(理系−前期日程) 医
151 九州大学(後期日程)
152 九州工業大学
153 福岡教育大学
154 北九州市立大学
155 九州歯科大学
156 福岡県立大学／福岡女子大学
157 佐賀大学 医
158 長崎大学(多文化社会・教育〈文系〉・経済・医〈保健〉・環境科〈文系〉学部)
159 長崎大学(教育〈理系〉・医〈医〉・歯・薬・情報データ科・工・環境科〈理系〉・水産学部) 医
160 長崎県立大学 総推
161 熊本大学(文・教育・法・医〈看護〉学部・情報融合学環〈文系型〉)
162 熊本大学(理・医〈看護を除く〉・薬・工学部・情報融合学環〈理系型〉) 医
163 熊本県立大学
164 大分大学(教育・経済・医〈看護〉・理工・福祉健康科学部)
165 大分大学(医学部〈医・先進医療科学科〉) 医
166 宮崎大学(教育・医〈看護〉・工・農・地域資源創成学部)
167 宮崎大学(医学部〈医学科〉) 医
168 鹿児島大学(文系)
169 鹿児島大学(理系) 医
170 琉球大学 医

2025年版　大学赤本シリーズ

国公立大学 その他

- 171 〔国公立大〕医学部医学科 総合型選抜・学校推薦型選抜※ 医 総推
- 172 看護・医療系大学〈国公立 東日本〉※
- 173 看護・医療系大学〈国公立 中日本〉※
- 174 看護・医療系大学〈国公立 西日本〉※
- 175 海上保安大学校／気象大学校
- 176 航空保安大学校
- 177 国立看護大学校
- 178 防衛大学校 総推
- 179 防衛医科大学校(医学科) 医
- 180 防衛医科大学校(看護学科)

※No.171～174の収載大学は赤本ウェブサイト(http://akahon.net/)でご確認ください。

私立大学①

北海道の大学(50音順)

- 201 札幌大学
- 202 札幌学院大学
- 203 北星学園大学
- 204 北海学園大学
- 205 北海道医療大学
- 206 北海道科学大学
- 207 北海道武蔵女子大学・短期大学
- 208 酪農学園大学(獣医学群〈獣医学類〉)

東北の大学(50音順)

- 209 岩手医科大学(医・歯・薬学部) 医
- 210 仙台大学 総推
- 211 東北医科薬科大学(医・薬学部) 医
- 212 東北学院大学
- 213 東北工業大学
- 214 東北福祉大学
- 215 宮城学院女子大学 総推

関東の大学(50音順)

あ行(関東の大学)

- 216 青山学院大学(法・国際政治経済学部－個別学部日程)
- 217 青山学院大学(経済学部－個別学部日程)
- 218 青山学院大学(経営学部－個別学部日程)
- 219 青山学院大学(文・教育人間科学部－個別学部日程)
- 220 青山学院大学(総合文化政策・社会情報・地球社会共生・コミュニティ人間科学部－個別学部日程)
- 221 青山学院大学(理工学部－個別学部日程)
- 222 青山学院大学(全学部日程)
- 223 麻布大学(獣医、生命・環境科学部)
- 224 亜細亜大学
- 226 桜美林大学
- 227 大妻女子大学・短期大学部

か行(関東の大学)

- 228 学習院大学(法学部－コア試験)
- 229 学習院大学(経済学部－コア試験)
- 230 学習院大学(文学部－コア試験)
- 231 学習院大学(国際社会科学部－コア試験)
- 232 学習院大学(理学部－コア試験)
- 233 学習院女子大学
- 234 神奈川大学(給費生試験)
- 235 神奈川大学(一般入試)
- 236 神奈川工科大学
- 237 鎌倉女子大学・短期大学部
- 238 川村学園女子大学
- 239 神田外語大学
- 240 関東学院大学
- 241 北里大学(理学部)
- 242 北里大学(医学部) 医
- 243 北里大学(薬学部)
- 244 北里大学(看護・医療衛生学部)
- 245 北里大学(未来工・獣医・海洋生命科学部)
- 246 共立女子大学・短期大学
- 247 杏林大学(医学部) 医
- 248 杏林大学(保健学部)
- 249 群馬医療福祉大学・短期大学部
- 250 群馬パース大学 総推
- 251 慶應義塾大学(法学部)
- 252 慶應義塾大学(経済学部)
- 253 慶應義塾大学(商学部)
- 254 慶應義塾大学(文学部) 総推
- 255 慶應義塾大学(総合政策学部)
- 256 慶應義塾大学(環境情報学部)
- 257 慶應義塾大学(理工学部)
- 258 慶應義塾大学(医学部) 医
- 259 慶應義塾大学(薬学部)
- 260 慶應義塾大学(看護医療学部)
- 261 工学院大学
- 262 國學院大學
- 263 国際医療福祉大学 医
- 264 国際基督教大学
- 265 国士舘大学
- 266 駒澤大学(一般選抜T方式・S方式)
- 267 駒澤大学(全学部統一日程選抜)

さ行(関東の大学)

- 268 埼玉医科大学(医学部) 医
- 269 相模女子大学・短期大学部
- 270 産業能率大学
- 271 自治医科大学(医学部) 医
- 272 自治医科大学(看護学部)／東京慈恵会医科大学(医学部〈看護学科〉)
- 273 実践女子大学 総推
- 274 芝浦工業大学(前期日程)
- 275 芝浦工業大学(全学統一日程・後期日程)
- 276 十文字学園女子大学
- 277 淑徳大学
- 278 順天堂大学(医学部) 医
- 279 順天堂大学(スポーツ健康科・医療看護・保健看護・国際教養・保健医療・医療科・健康データサイエンス・薬学部) 総推
- 280 上智大学(神・文・総合人間科学部)
- 281 上智大学(法・経済学部)
- 282 上智大学(外国語・総合グローバル学部)
- 283 上智大学(理工学部)
- 284 上智大学(TEAPスコア利用方式)
- 285 湘南工科大学
- 286 昭和大学(医学部) 医
- 287 昭和大学(歯・薬・保健医療学部)
- 288 昭和女子大学
- 289 昭和薬科大学
- 290 女子栄養大学・短期大学部 総推
- 291 白百合女子大学
- 292 成蹊大学(法学部－A方式)
- 293 成蹊大学(経済・経営学部－A方式)
- 294 成蹊大学(文学部－A方式)
- 295 成蹊大学(理工学部－A方式)
- 296 成蹊大学(E方式・G方式・P方式)
- 297 成城大学(経済・社会イノベーション学部－A方式)
- 298 成城大学(文芸・法学部－A方式)
- 299 成城大学(S方式〈全学部統一選抜〉)
- 300 聖心女子大学
- 301 清泉女子大学
- 303 聖マリアンナ医科大学 医
- 304 聖路加国際大学(看護学部)
- 305 専修大学(スカラシップ・全国入試)
- 306 専修大学(前期入試〈学部個別入試〉)
- 307 専修大学(前期入試〈全学部入試・スカラシップ入試〉)

た行(関東の大学)

- 308 大正大学
- 309 大東文化大学
- 310 高崎健康福祉大学
- 311 拓殖大学
- 312 玉川大学
- 313 多摩美術大学
- 314 千葉工業大学
- 315 中央大学(法学部－学部別選抜)
- 316 中央大学(経済学部－学部別選抜)
- 317 中央大学(商学部－学部別選抜)
- 318 中央大学(文学部－学部別選抜)
- 319 中央大学(総合政策学部－学部別選抜)
- 320 中央大学(国際経営・国際情報学部－学部別選抜)
- 321 中央大学(理工学部－学部別選抜)
- 322 中央大学(5学部共通選抜)
- 323 中央学院大学
- 324 津田塾大学
- 325 帝京大学(薬・経済・法・文・外国語・教育・理工・医療技術・福岡医療技術学部)
- 326 帝京大学(医学部) 医
- 327 帝京科学大学 総推
- 328 帝京平成大学 総推
- 329 東海大学(医〈医〉学部を除く－一般選抜)
- 330 東海大学(文系・理系学部統一選抜)
- 331 東海大学(医学部〈医学科〉) 医
- 332 東京医科大学(医学部〈医学科〉) 医
- 333 東京家政大学・短期大学部 総推
- 334 東京経済大学
- 335 東京工科大学
- 336 東京工芸大学
- 337 東京国際大学
- 338 東京歯科大学
- 339 東京慈恵会医科大学(医学部〈医学科〉) 医
- 340 東京情報大学
- 341 東京女子大学
- 342 東京女子医科大学(医学部) 医
- 343 東京電機大学
- 344 東京都市大学
- 345 東京農業大学
- 346 東京薬科大学(薬学部) 総推
- 347 東京薬科大学(生命科学部) 総推
- 348 東京理科大学(理学部〈第一部〉－B方式)
- 349 東京理科大学(創域理工学部－B方式・S方式)
- 350 東京理科大学(工学部－B方式)
- 351 東京理科大学(先進工学部－B方式)
- 352 東京理科大学(薬学部－B方式)
- 353 東京理科大学(経営学部－B方式)
- 354 東京理科大学(C方式、グローバル方式、理学部〈第二部〉－B方式)
- 355 東邦大学(医学部) 医
- 356 東邦大学(薬学部)

2025年版　大学赤本シリーズ

私立大学②

357 東邦大学(理・看護・健康科学部)
358 東洋大学(文・経済・経営・法・社会・国際・国際観光学部)
359 東洋大学(情報連携・福祉社会デザイン・健康スポーツ科・理工・総合情報・生命科・食環境科学部)
360 東洋大学(英語〈3日程×3カ年〉)
361 東洋大学(国語〈3日程×3カ年〉)
362 東洋大学(日本史・世界史〈2日程×3カ年〉)
363 東洋英和女学院大学
364 常磐大学・短期大学 総推
365 獨協大学
366 獨協医科大学(医学部) 医

な行(関東の大学)

367 二松学舎大学
368 日本大学(法学部)
369 日本大学(経済学部)
370 日本大学(商学部)
371 日本大学(文理学部〈文系〉)
372 日本大学(文理学部〈理系〉)
373 日本大学(芸術学部〈専門試験併用型〉)
374 日本大学(国際関係学部)
375 日本大学(危機管理・スポーツ科学部)
376 日本大学(理工学部)
377 日本大学(生産工・工学部)
378 日本大学(生物資源科学部)
379 日本大学(医学部) 医
380 日本大学(歯・松戸歯学部)
381 日本大学(薬学部)
382 日本大学(N全学統一方式−医・芸術〈専門試験併用型〉学部を除く)
383 日本医科大学 医
384 日本工業大学
385 日本歯科大学
386 日本社会事業大学 総推
387 日本獣医生命科学大学
388 日本女子大学
389 日本体育大学

は行(関東の大学)

390 白鷗大学(学業特待選抜・一般選抜)
391 フェリス女学院大学
392 文教大学
393 法政大学(法〈I日程〉・文〈II日程〉・経営〈II日程〉学部−A方式)
394 法政大学(法〈II日程〉・国際文化・キャリアデザイン学部−A方式)
395 法政大学(文〈I日程〉・経営〈I日程〉・人間環境・グローバル教養学部−A方式)
396 法政大学(経済〈I日程〉・社会〈I日程〉・現代福祉学部−A方式)
397 法政大学(経済〈II日程〉・社会〈II日程〉・スポーツ健康学部−A方式)
398 法政大学(情報科・デザイン工・理工・生命科学部−A方式)
399 法政大学(T日程〈統一日程〉・英語外部試験利用入試)
400 星薬科大学 総推

ま行(関東の大学)

401 武蔵大学
402 武蔵野大学
403 武蔵野美術大学
404 明海大学
405 明治大学(法学部−学部別入試)
406 明治大学(政治経済学部−学部別入試)
407 明治大学(商学部−学部別入試)
408 明治大学(経営学部−学部別入試)
409 明治大学(文学部−学部別入試)
410 明治大学(国際日本学部−学部別入試)
411 明治大学(情報コミュニケーション学部−学部別入試)
412 明治大学(理工学部−学部別入試)
413 明治大学(総合数理学部−学部別入試)
414 明治大学(農学部−学部別入試)
415 明治大学(全学部統一入試)
416 明治学院大学(A日程)
417 明治学院大学(全学部日程)
418 明治薬科大学 総推
419 明星大学
420 目白大学・短期大学部

ら・わ行(関東の大学)

421 立教大学(文系学部−一般入試〈大学独自の英語を課さない日程〉)
422 立教大学(国語〈3日程×3カ年〉)
423 立教大学(日本史・世界史〈2日程×3カ年〉)
424 立教大学(文学部−一般入試〈大学独自の英語を課す日程〉)
425 立教大学(理学部−一般入試)
426 立正大学
427 早稲田大学(法学部)
428 早稲田大学(政治経済学部)
429 早稲田大学(商学部)
430 早稲田大学(社会科学部)
431 早稲田大学(文学部)
432 早稲田大学(文化構想学部)
433 早稲田大学(教育学部〈文科系〉)
434 早稲田大学(教育学部〈理科系〉)
435 早稲田大学(人間科・スポーツ科学部)
436 早稲田大学(国際教養学部)
437 早稲田大学(基幹理工・創造理工・先進理工学部)
438 和洋女子大学 総推

中部の大学(50音順)

439 愛知大学
440 愛知医科大学(医学部) 医
441 愛知学院大学・短期大学部
442 愛知工業大学 総推
443 愛知淑徳大学
444 朝日大学 総推
445 金沢医科大学(医学部) 医
446 金沢工業大学
447 岐阜聖徳学園大学 総推
448 金城学院大学
449 至学館大学 総推
450 静岡理工科大学
451 椙山女学園大学
452 大同大学
453 中京大学
454 中部大学
455 名古屋外国語大学 総推
456 名古屋学院大学 総推
457 名古屋学芸大学 総推
458 名古屋女子大学 総推
459 南山大学(外国語〈英米〉・法・総合政策・国際教養学部)
460 南山大学(人文・外国語〈英米を除く〉・経済・経営・理工学部)
461 新潟国際情報大学
462 日本福祉大学
463 福井工業大学
464 藤田医科大学(医学部) 医
465 藤田医科大学(医療科・保健衛生学部)
466 名城大学(法・経営・経済・外国語・人間・都市情報学部)
467 名城大学(情報工・理工・農・薬学部)
468 山梨学院大学

近畿の大学(50音順)

469 追手門学院大学 総推
470 大阪医科薬科大学(医学部) 医
471 大阪医科薬科大学(薬学部) 総推
472 大阪学院大学 総推
473 大阪経済大学 総推
474 大阪経済法科大学 総推
475 大阪工業大学 総推
476 大阪国際大学・短期大学部 総推
477 大阪産業大学 総推
478 大阪歯科大学(歯学部)
479 大阪商業大学 総推
480 大阪成蹊大学・短期大学 総推
481 大谷大学 総推
482 大手前大学・短期大学 総推
483 関西大学(文系)
484 関西大学(理系)
485 関西大学(英語〈3日程×3カ年〉)
486 関西大学(国語〈3日程×3カ年〉)
487 関西大学(日本史・世界史・文系数学〈3日程×3カ年〉)
488 関西医科大学(医学部) 医
489 関西医療大学 総推
490 関西外国語大学・短期大学部 総推
491 関西学院大学(文・法・商・人間福祉・総合政策学部−学部個別日程)
492 関西学院大学(神・社会・経済・国際・教育学部−学部個別日程)
493 関西学院大学(全学部日程〈文系型〉)
494 関西学院大学(全学部日程〈理系型〉)
495 関西学院大学(共通テスト併用日程〈数学〉・英数日程)
496 関西学院大学(英語〈3日程×3カ年〉) 新
497 関西学院大学(国語〈3日程×3カ年〉) 新
498 関西学院大学(日本史・世界史・文系数学〈3日程×3カ年〉) 新
499 畿央大学 総推
500 京都外国語大学・短期大学 総推
502 京都産業大学(公募推薦入試) 総推
503 京都産業大学(一般選抜入試〈前期日程〉)
504 京都女子大学 総推
505 京都先端科学大学 総推
506 京都橘大学 総推
507 京都ノートルダム女子大学 総推
508 京都薬科大学 総推
509 近畿大学・短期大学部(医学部を除く−推薦入試) 総推
510 近畿大学・短期大学部(医学部を除く−一般入試前期)
511 近畿大学(英語〈医学部を除く3日程×3カ年〉)
512 近畿大学(理系数学〈医学部を除く3日程×3カ年〉)
513 近畿大学(国語〈医学部を除く3日程×3カ年〉)
514 近畿大学(医学部−推薦入試・一般入試前期) 医 総推
515 近畿大学・短期大学部(一般入試後期) 医
516 皇學館大学 総推
517 甲南大学 総推
518 甲南女子大学(学校推薦型選抜) 新 総推
519 神戸学院大学 総推
520 神戸国際大学 総推
521 神戸女学院大学 総推
522 神戸女子大学・短期大学 総推
523 神戸薬科大学 総推
524 四天王寺大学・短期大学部 総推
525 摂南大学(公募制推薦入試) 総推
526 摂南大学(一般選抜前期日程)
527 帝塚山学院大学 総推
528 同志社大学(法、グローバル・コミュニケーション学部−学部個別日程)

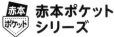

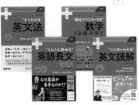

2025年版　大学赤本シリーズ　No. 476

大阪国際大学

大阪国際大学短期大学部

2024年7月30日　第1刷発行
ISBN978-4-325-26535-1
定価は裏表紙に表示しています

編　集　教学社編集部
発行者　上原 寿明
発行所　教学社
〒606-0031
京都市左京区岩倉南桑原町56
電話　075-721-6500
振替　01020-1-15695
印　刷　共同印刷工業